星云禅话

芬芳精厚

中华书局

图书在版编目(CIP)数据

养深积厚/星云大师著. —北京:中华书局,2015.4(2015.9 重印)
(星云禅话)
ISBN 978 - 7 - 101 - 10501 - 8

Ⅰ. 养… Ⅱ. 星… Ⅲ. 禅宗 - 通俗读物 Ⅳ. B946.5 - 49

中国版本图书馆 CIP 数据核字(2014)第 236874 号

书 名 养深积厚
著 者 星云大师
丛 书 名 星云禅话
责任编辑 焦雅君
出版发行 中华书局
(北京市丰台区太平桥西里 38 号 100073)
http://www.zhbc.com.cn
E-mail:zhbc@zhbc.com.cn
印 刷 北京瑞古冠中印刷厂
版 次 2015 年 4 月北京第 1 版
2015 年 9 月北京第 2 次印刷
规 格 开本/787×1092 毫米 1/32
印张 9 插页 10 字数 80 千字
印 数 10001 - 14000 册
国际书号 ISBN 978 - 7 - 101 - 10501 - 8
定 价 36.00 元

参禅何须山水地
灭却心头火自凉

《星云禅话》要出版了，这是我在《人间福报》头版，继《迷悟之间》《星云法语》《人间万事》之后，第四个每日不间断、连写三年的专栏。

回想《人间福报》创报之初，我为了鼓励大家多创作，同时为扭转一般报纸头版打打杀杀、口水横飞的风气，承诺每日提供一篇千字的稿子，给头版刊登。时间倏忽过去十四年，我不曾一日间断。《星云禅话》就是在二〇〇九年到二〇一二年间所写的内容，但是若要追溯撰写禅话最早的因缘，则要回到一九八五年。

当时我应台湾电视公司之邀，在节目上讲说禅的宝典——《六祖坛经》，节目播出以后，各方对于禅的渴求讯息，如雪片般纷飞而来，于是有新闻晚报副刊邀请我，每日为它撰写一则关于禅的公案，题名"星云禅话"，美国与泰国的《世界日报》也一并刊登，这是我最早写禅话公案的因缘。

后来又有人建议，将禅话制作成电视节目，让更多的人享受禅的随缘放旷、任性逍遥，因此有了电视制作人周志敏女士所制作的"星云禅话"节目，在一九八六年播出。一年后，台视公司将它结集成《星云禅话》四册出版发行。

这以后，《星云禅话》多次再版再刷，佛光、联经出版社也曾先后出版过，到底出版了多少次、发行了多少本，我也不曾去深究。所谓搬柴运水无非是禅，出版发行又何曾离开禅！只不过有一样，我一直挂碍着，那就是过去这些禅话公案播出或出版时，我正忙碌于海内外的弘法布教，夜以继日地撰写，之中颇有些匆促而成，恐怕挂一漏万、未尽圆妥，时常想着有机会要将不妥之处修正过来。由于这个因缘，多年后"星云禅话"便在《人间福报》再次和读者、信徒相见。

这次所刊登的"星云禅话"，除了修正旧稿之外，大部分都是新增的禅话公案，一共有一〇八四则。从这些公案里，我们可以体会禅的大机大用。禅，不但有机锋，还有慈悲、幽默、洒脱、率真……它是生活中一股安定心灵的力量。运用禅的智慧，可以让我们的生活少一些烦恼，多一些解脱，所谓"参禅何须山水地，灭却心头火自凉"。

禅有千百种面向，禅是千年暗室，一灯即明；禅是一朝风月，万古长空；禅是搬柴运水，穿衣吃饭；禅是行住坐卧，语默动静；禅是参究自心，本来面目；禅是青青翠竹，郁郁黄花；禅是一钵千家饭，孤僧万里游；禅是至道无难，唯嫌拣择，但莫憎爱，洞然明白……希望有缘的读者，能够在禅的三昧中，保任心的活水源头，在生活中受用无穷。

于丹女士，张毅、杨惠姗贤伉俪，以及名医杨定一博士，为本套书作序，在此一并致意感谢。

是为序。

因为心系人间

烈焰炙身

汗水映火舞

意志点亮生命

淬炼

艳火莲华一朵

刹那

即静　即禅

佛光山佛陀纪念馆开幕的前十天，为了普陀洛伽山观音殿的千手千眼观世音，我和十几位伙伴在纪念馆昏天黑地全力赶工。

所有的人都听说星云大师中风住院了。

纪念馆的工程如火如荼，到处是赶工加班的工程队，夜晚，纪念馆里、纪念馆外，到处灯火通明，一切仿佛如常。

但是，每个人心里，有块石头。

忍不住去问佛光山的师父，所有出家众对星云大师的事，守口如瓶。

但是，每天早上，到佛陀纪念馆上工，仍然忍不住要打听一下，星云大师怎么样了？

这次，说星云大师已经出院了。

所有的人松了一口气。

但是，为什么不在医院多休息一下？没有答案。

我们继续在佛陀纪念馆里忙碌至深夜，十一点多收工，一大群人挤满车子，由纪念馆出来，往纪念馆大门走，预备回朝山会馆休息。

夜晚没灯，突然，看见车道的工地上有人，仔细看是佛光山的师父，中间有人坐在轮椅上，用雷射光笔在还没有完工的车道上，比画来比画去。

竟然是星云大师。

心里一惊，第一个反应是：老先生，您不要命啊？

突然想起，有一次，星云大师看到张毅，笑着问：你知道我年轻时候，最想做什么工作？

我们一愣，都说不知道。

星云大师笑着说：我想做导演。

长久以来，我一直想不通，导演？为什么是导演？

那天深夜看到因中风刚出院，就三更半夜，坐在轮椅上用雷射光笔在车道工地上指挥的星云大师，竟然又想起这个问题。

他最终没有去做导演，而成为今天的星云大师，在他的生命深处，的确充满了一个导演的性格倾向：当你聆听他的开示，以及阅读他的文字，那种信手拈来，都能引人入胜的感染力，说明他是天生的传播高手。这种与生俱来就有强烈的话要说的动力，确实是所有导演的共同血液。

然而，当那种动力，由虚拟的戏剧，提升到人间的苦难关怀，和众生的无明的解脱，导演的工作，可能变得无力而虚无。因为，面对真的无边人间苦厄，需要投入的，不再是短暂的创作工作，也不可能有任何个人的浪漫虚荣，更重要的是，没有什么风花雪月的期待。

需要的是，真正的生命无我无私的投入。

因此，那个原来可能是个高明的导演的人，六十年来，心无旁骛地成了今天的佛光山的星云大师。

琉璃工房 执行长 / 艺术总监

听佛陀讲故事

大凡幸福的孩子，童年都是有故事听的。

无论偎在妈妈的怀抱里，还是躺在奶奶的蒲扇下，哪怕是蹲在村里老爷爷的板凳边，人性里最早的是非之心、善恶判断，就始自听来的那些故事。小时候只是听得痴迷有趣，长大后遇见世间沧桑，故事深处的道理，才分明起来。

公案禅话，就是历代高僧讲的故事。

而佛性，就藏在人人童年的本真之中。没有受到世事习染的本心倘能明朗坚持，就是中国本土禅宗修佛的境界了。

自达摩祖师东来，不立文字，教外别传；自五祖弘忍传至六祖惠能，一花五叶，心心相印，舍末究本，一门深入，明自本心，见自本性。五祖开示称："不识本心，学法无益，若识自本心，见自本性，即名大丈夫，天人师，佛。"

六祖以"本来无一物，何处惹尘埃"的清朗自性，遁入深深红尘，在猎人队伍中隐匿十五年，承接衣钵，一语道破"若识自心，一悟即到佛地"，只因为"菩提自性本来清净，但用此心直了成佛"，这部奠定了禅宗基础的《坛经》甚至简约到了"惟论见性，不论禅定解脱"，以般若智慧传递给众生一种充满肯定的态度。"汝等自心是佛，更莫狐疑。"

那么，红尘修佛，唤醒自性，所由路径何在？

听听高僧讲的故事吧。

六祖自猎人队伍中归来时，途经法性寺，听见两位僧人对着飘动的经幡争论不已，一人说是风在动，一人说是幡在动，历经磨难一心不乱的六祖一言开示："其实不是风动，也不是幡动，而是二位仁者的心在动啊。"（《风动？幡动？》）

站在二〇一三年早春萌动的时节里，所有关于

"末世"的恐慌都随着上一个年头的冬至日杳去，但是我们心里的纷扰还在，迷失在喧嚣悲欢中的惶惑一点儿没少，到底是这个世界变得太快，还是命运把我们扔到了边缘，说到底，"心静则万物莫不自得，心动则事相差别现前"，看透了自己的心动，离心静也就近了一步。

而自己这一颗心，量大时足以造一座高楼，量小时用尽全部也只造一根毫毛，如同星云大师开示："能大能小，能有能无，能苦能乐，能多能少，能早能晚，能冷能热，因为禅心本性，无所不能。"（《能大能小》）

人的一生都在追求自由，绝对的身体行为自由是不存在的，但是心的自由却是无极的。中文这一个"闷"字，不就是"心"外关了一扇"门"，自己不打开，又有什么样的外力能帮你放出来呢？或许，人不能左右生命的长度，但可以把握生命的宽度，用一生光阴，究竟把自己活成了浩荡大河还是涓涓小溪，两岸的宽度就取决于心量的大与小。

如果以为修为历练一颗心，只为放下烦恼逍遥出世，就辜负了"觉有情"的佛陀本心。这个攘攘红尘深处，藏了多少婆娑深情，弟子淘米时不慎冲掉一粒米，就被师父提点算账：一粒米生二十四个芽，长出二十四个稻穗，每棵稻穗长出三百粒米，一年下来就是七千二百粒，这些米再播撒下去，到来年就是五千一百八十四万粒米的收获。所谓"一滴润乾坤"，在乎了一粒米，那份谦恭与感恩就实证了一沙一石包容大千世界的华严精神。(《一滴润乾坤》)

想想我们今天的餐桌上，堆积如山的浪费，背后是多少不知惜福不知敬畏的狂妄心。

深沉而朴素的敬畏与感恩有时只在一个瞬间的本能中寄寓：小店主做了一笼热腾腾的包子，满身沾着面粉就欢天喜地跑去奉给禅师。禅师一见，马上回房穿上庄严的袈裟，出门郑重接受几个包子，只为敬重一份诚恳与热忱。佛如光，法如水，僧如田，良田福地的耕耘就是一生中的所有瞬间积累。(《工作热忱》)

想来今天世事人心，男人买到一座豪宅或宝马车的时候也未必就真有欢喜，女人买到 LV 的手袋或 Dior 套装的时候也未必就知足珍惜。这些奢侈品带不来的，大概就是那几个热包子奉上时不掺虚假的热忱，还有禅师庄严接受时发自内心的虔诚感激。

但，是不是听了这些故事就一瞬间醍醐灌顶呢？倘若去请教一句点化，赵州禅师会说："老僧半句也无。"（《老僧半句也无》）而洞山良价禅师后来悟出的境界更好："也大奇，也大奇！无情说法不思议，若将耳听终难会，眼处闻声方得知。"（《无情说法》）

或许，这才是禅宗真正的曼妙之处："若开悟顿教，不执外修，但于自心，常起正见，烦恼尘劳常不能染，即是见性。"

纷纷攘攘红尘深处，到处都有机缘去悟去懂，事事无碍，迷失的本心，一旦觉悟，澄明高远的境界呼之欲出。

星云大师曾经给我讲过他出家的真实经历：

结缘志开上人后，当年只有十二岁的大师立志弘法出家。被领到住持面前受戒，住持问："这个孩子，是谁让你出家的？"

孩子想一想，气概十足地说："是我自己愿意出家的。"

不期然，住持抄起藤条劈头打下来："小小的年纪，好大的胆子！没有师父指引，你出得了家吗？说，谁让你出家的？"

孩子知错，顿时改口："是师父让我出家。"不期然，藤条又落在头上："这么大的人了，没有主见么？师父让你出家便出家？说，谁让你出家的？"

孩子想想，果然哪个单一角度都不周全，这次很圆融地回答："是师父带我来的，也是我自己愿意出家。"

藤条依旧落下来，这一次根本不解释，只是问："说，谁让你出家的？"

孩子被打得越发懵懂，但一心已定，只好说："我自己也不知道，你打我就是了。"——这个最不像样的答案终于让住持放下藤条："坐下剃度吧。"

这段故事，我曾在学生就业前讲给他们听：未涉世事时，书生意气的少年心总带了些自以为是，言之凿凿乘愿而来，或秉承师命而来，都没有错，但一定会被世事历练，一次又一次地修理。此后渐次悟出单一角度的偏颇，学会周全兼顾时还是挨打，大部分人心中大不平衡，自此愤世嫉俗，把人间看作炎凉是非的深渊，放弃做有益的事，甚或连自己的善根本性都放弃了。而另外一小部分极具慧心的人却会向更高境界再多一步：不能因为挨打就放弃本心，踏实去做当下每一件认为该做的事情，这个复杂的世界防不住什么地方会出来棍棒，那么，你打我就是了。而这样一想，便是不挨打的开始。

这段故事，我也作公案听，真实经历何尝不是禅话。

这一套《星云禅话》，有多少史上公案，都被星云大师以自己的体温暖热，再输送到我们的心里。

禅宗讲求体用不二，定慧一体，空有圆融，性相一如。在一个过分嘈杂的时代里，明心见性，是一件既简练又深邃的事情。

"不悟即佛是众生，一念悟时众生是佛。"

北京师范大学教授

滚动心轮

应邀为《星云禅话》写序，我本来不敢承诺，一则深感荣幸；二则觉得不够资格帮星云大师写序，谈到禅，更是自觉不足。然而为表达对大师的尊敬，也就勉为其力。

在《星云禅话》套书中，大师透过圆融贯通的笔触，把禅门的故事、话头，运用到生活中。可看出大师对禅与佛法的中心理念，是佛法离不开生活与心念行为，从大师的修为也可以得到充分印证。大师平日的言行，充分体现了佛法的教导，展现出最高的智慧与慈悲，而不仅是理论或智慧的理解，这是大师最令人钦佩之处。大师的教法很独特，以身作则，力行佛法。然而这还不是最稀有难得的，是从信众所传达出大师的谦虚、平凡、无架子，与任何人都能圆融沟通，给人方便，包容佛法各派传承，这是当今时代最需要的，而大师充分体现出这样的风范。

大师这样圆融的成就，是非常不容易的。这是多年来坚持佛法，观照自己的行为与所教的相符相合，因此能感动全球数百万信众，弘扬佛法于五大洲。个人对大师的理念与修持非常景仰，平日所推动的各项活动，也都希望能符合大师的教导。譬如：大师倡导"三好"运动多年，所谓"三好"就是做好事、说好话、存好心，以身口意来奉行佛法。事实上，对于因忙碌生活、紧绷压力所带来的心灵危机，大师所推动的"三好"运动正切合现代人所需。个人也认为，当抱持感恩与慈悲的念头，自然会做好事服务人，说好话赞美人，存好心为人设想。行住坐卧都能落实三好，起心动念都是欢喜修行。

希望读者朋友在体会禅味之余，打开心胸，接受大师的话。以自己的身心行为，来验证大师的教导是否契合有用，更要时常参考大师的话，将佛法应用在生活中。

长庚生物科技董事长

目 录

卷二

卷一

心香一瓣，遍于十方，无论什么事情，有了一点禅心，滋味就不同了。

破布裹真珠

唐朝的宰相裴休有一次来到江西南昌的大安寺，他询问寺里的僧人："佛陀的十大弟子里，各有第一，请问罗睺罗以何为第一？"

寺中的大众认为这只是简单的佛教常识，所以就异口同声地回答："罗睺罗以密行为第一。"

可是裴休对大家的回答并不满意，于是随口又问："此处还有禅师吗？"

碰巧龙牙居遁禅师正在后院种菜，寺僧将他请出来，裴休也以同样的问题相询："请问罗睺罗以何为第一？"

龙牙禅师毫不犹豫地回答："不知道！"

裴休一听大喜，即刻向龙牙禅师礼拜，并赞叹说："破布裹真珠。"意思是说，想不到这样一位衣裳破烂的禅者，竟然也有这么高的智慧及道行。

养心法语 ————————————

　　大家都知道，十大弟子中的罗睺罗，是密行第一的阿罗汉；可是既然是密行，就是密而不宣的善行义举，所以寺众怎么可以说知道呢？因此，龙牙禅师的一句"不知道"，宰相裴休认为他才是真知道。而寺中的大众答称"密行"，从禅者来看，知道的反而是不知道。所谓"知之为知之，不知为不知"，知与不知，实在是虚假不来的呀！

　　智慧与道德不一样，道德四两，可以冒充半斤，而智慧四两就是四两，半斤就是半斤，丝毫虚假不得。龙牙禅师虽然修苦行种菜，衣不蔽体，但破布裹真珠，无怪乎要愧煞那些金玉其外、败絮其中的禅和子了！

一休晒藏经

　　日本非常有名的一休宗纯禅师，有一段时间曾住在京都比睿山的乡下。

　　有一天，比睿山上的寺院要晒藏经。当地相传，晒藏经的时候，如果风从经上吹拂而过，人接触到这一种风，不仅能够增长智慧，还可以消除灾厄。

　　因此，"闻风"而来的信徒，不断地涌向山上。

　　一休禅师也挤在人群里赶热闹，他对大家说："我也要晒藏经。"

　　话说过之后，一休禅师就袒胸露肚地躺在草坪上晒太阳，很多上山的信徒看了很不以为然，因为实在太不雅观，太不威仪了。

　　寺院里的法师也跪下来，苦劝一休禅师不要如此，没想到，一休禅师却反问："难道你们将藏经楼里的《大藏经》，搬到大太阳底下露天而晒，这样就威仪了吗？再说，你们晒的藏经是死的，会生虫，不会活动。可是我晒的藏经是活的，会说法，会作务，会吃饭，会普利人天。有智慧的人都应该知道，哪一种藏经才珍贵！"

养心法语 ————————

　　一休晒藏经，这种做法一般人虽然不能接受，但是在一休禅师心里，宇宙真理都是从自心所显露，修行最怕舍本逐末。经是纸印的，真心才是法，为什么不照顾自心，只知照顾纸印的经书呢？

　　祈福增慧的门径，参禅入道的要道，要从用心去下手。珍贵的藏经，不是印在纸上，而是印在心上，心中的藏经才能生万法，才能度化众生。因此，禅者重视自心的藏经，吾人能会意否？

所谓学问，在于治事，事不治，纵学无益；

所谓佛法，在于治心，心不治，纵修无成。

明·方维仪·观音图（故宫博物院藏）

不做自了汉

黄檗希运禅师自幼出家为僧，后来得道开悟，住持黄檗山，是中国禅宗史上一位非常重要的人物。

有一次游天台山时，碰到一位举止非常奇特的同参，两人相约一同到处参学。当他们来到一条小溪前时，正好溪水暴涨，这位同参叫黄檗禅师一起渡河。黄檗禅师道："溪水这么急，能渡过去吗？"

同参没有回答，只是提高裤脚过河。过河时，好像走在平地上一样轻松自如，不但边走边笑，还边回头招呼黄檗禅师："来呀，来呀！"

黄檗禅师见状喝斥道："嘿！你这小乘自了汉。早知你有神通，便把你的脚跟砍断。"

同参被他喝斥的语言感动，尊敬赞叹："你真是大乘法器。"说着便消失了。

养心法语

　　佛教里有大乘、小乘，小乘先重自度，大乘则重度他。就像我们要到其他地方去，小车只能载少数人，大车则能载很多人。这位同参是一位小乘的圣者，见到溪水暴涨，自己渡河过去，却没有帮助别人。所以佛教里经常批评小乘的圣者，纵然他们得道，也不及初发心的大乘修行者。因为小乘是"拔一毛而利天下，不为也"的作风，永远不能成佛。自己未度，先能度人，才是菩萨发心。

　　有些人一入佛门，欢喜闭关，就住到山里。其实，没有先累积很多的福德因缘如何悟道？就算得道了，难道忍心让众生在生死中沉沦？希望参禅的学人能发大乘心，行菩萨道；所谓"道在众生中求"，离开了菩提心，怎么能成就无上佛道呢？

佛子天然

丹霞天然禅师未出家前，本来是个想上京城赶考求官的士子。有一天，偶然与人同行，那人问他到哪里去，他说要上京赶考。路人忽然说道："选官不如选佛！"

丹霞听后很动心，立刻就问："我该到哪里去学佛呢？"

那人回答："江西马祖道一禅师那里，是个很好的去处。"

丹霞就去见马祖禅师，马祖禅师见了他，用手拍拍他的头，意思要他剃头出家，然后才说："可惜你的机缘不在我这里，是在石头禅师那儿。"

于是，丹霞又去见石头希迁禅师，石头禅师要他作务去。

有一天，石头禅师叫大家到堂前去除草，此时丹霞却端了一盆水把头洗净，然后跪在石头禅师面前。禅师见他已经会意，就为他剃度了。

出家以后，丹霞禅师再去见马祖禅师。他不进客堂，却先到僧堂里去。僧堂里供了很多祖师罗汉的圣像，丹霞禅师就骑在圣像上。众人看到，认为大逆不道，就告诉马祖禅师。马祖禅师看见他的行为，非常欢喜，甚至说："佛子天然！"

丹霞禅师听了立刻从圣像上跳下，向马祖禅师礼拜，从此就以"天然"为名。

养心法语

有些佛弟子一听佛法，当下就悟入而证果；有的勤苦修学了一生，还是不能得道。所谓"一分耕耘，一分收获"，这与多生累积的修行资粮有关。所以修证的迟速，不在于今生的利钝根性差别。

学佛，要像天然禅师，不要轻易错过因缘，但也不必急求速成。菩萨道须经三大阿僧祇劫，这才是真正的利根。

和平的使者

古时候，日本有一支军队在进行演习。有军官认为，军队隐藏在峨山韶硕禅师的寺院里，最为隐秘，并且要求寺院必须负责士兵的三餐。

峨山禅师非常欢喜，特地吩咐典座："要以我们每天吃的东西来招待战士，和他们结缘。"

不久，战士们纷纷抱怨，每日三餐既没有鱼，也没有肉，只有青菜萝卜，甚至还有一位军官跑来质问峨山禅师："你把我们当什么人？"

峨山禅师不慌不忙地说："我把你们当自己人。"

军官怒问："每天只煮一些青菜萝卜给我们吃，这算是自己人吗？"

峨山禅师解释道："我们每天也是吃青菜萝卜，既是自己人，就照自己人的吃法了。"

军官咆哮道："我们不要做你的自己人，我们是国家的战士。"

峨山禅师看到他粗鲁的态度,也不客气地大声吼道:"我们是出家人,是人间真理的使者。我们舍弃了一切,为的是弘扬真理,普度众生。不论世界的和平,人类的福祉,宗教与宗教家的贡献不可限量!"

养心法语

今日世界社会存在着种种暴力事件、天灾人祸、恐怖主义、战争威胁,可以说人心惶惶,笼罩着死亡的阴影。如果缺少宗教安定人心的力量,这个社会将更加混乱。

出家人割爱辞亲,为了延续真理的传承不断,让人类的精神有所寄托,而甘于淡泊,奉献终身,并非人人都能做得到。古德说:"出家乃大丈夫事,非将相之所能为。"将军战士为了国家人民的安全在奋斗,修道人为净化社会人心,促进世界和平而努力,两者都是人类和平的使者,应同样受到尊重。

不能模仿

善用"喝"教学的临济义玄禅师，他将圆寂时，曾开示弟子说："我入灭后，你们不可将正法眼藏也随着灭却。"

在座的三圣慧然禅师说："老师，请放心，弟子怎敢将老师的正法眼藏灭却？"

临济禅师听了就问："那么，假如有人问起'道是什么'、'禅是什么'，你们要如何回答呢？"

慧然禅师马上学着临济禅师一向教导学人的方法，高声大喝！

临济禅师非常不以为然："谁能想象，我的正法眼藏，以后却在这些大喝一声的人处灭却了。说来真叫人伤心！"

说完，就在法座上端然而寂。

慧然禅师非常不解地说："老师平时对来访者都大

喝一声，为什么我们就不能学着老师也大喝一声呢？"

此时，临济禅师忽然又活过来说："我吃饭，你们不能当饱；我死亡，你们不能代替。"意思是说，我大喝一声，你们怎么能代替我呢？

慧然禅师急忙跪下说："老师请原谅，请住世指导我们。"

临济禅师这时大喝一声，说道："我才不给你们模仿！"

说罢，就真的入灭了。

养心法语

禅者最不喜欢人模仿，所谓依样画葫芦，终究不是原样。德山禅师的棒、临济禅师的喝、赵州禅师的茶、云门禅师的饼，各个禅师接待十方学人，各有各的家风，不是依样就可以学的。

禅者要能"上无片瓦盖头，下无寸土立足"。一切都要自家重新来过，自家创造、自家树立，所谓独立独行，那才是禅。

成佛作祖

有一天，成德军节度使王绍懿常侍前去拜访临济义玄禅师，他看到一群学僧们正聚集在禅堂里。

王常侍就问临济禅师："学僧们平常看经吗？"

"不看经。"

"如果不看经，那么他们学禅吗？"

"不学禅。"

王常侍不禁疑惑地问："他们经也不看，禅也不学，他们究竟学些什么？"

临济禅师很肯定地回答："只教他们成佛作祖！"

王常侍一听就明白了，接着又试探地反问："金屑虽贵，掉进眼里，可不舒服呢。这又怎么说？"

临济禅师抚掌大笑说："我还以为你是个俗汉呢！"

临济禅师直截表示禅门教学，就是为了成佛作祖，如同惠能大师所说："惟求作佛，不求余物。"王常侍明白临济禅师所指，因而追问："金屑虽贵，落眼成翳。"意思是"成佛作祖"虽好，但落入"成佛"的执著又如何呢？禅师印可王常侍不是个俗汉，懂得不黏着成佛作祖的境界。

禅宗祖师以"明心见性"、"成佛作祖"作为禅门教学的最终目标，他们发挥禅门的大机大用，有时透过机锋问答或棒喝拳打，来接引学僧体悟本有的佛性；或让学僧在搬柴运水、出坡作务中，借事练心，以找回自己的本来面目。这些方便善巧，应机接引，即是"归源无二路，方便有多门"，无非要学僧们找到内心的自心佛性，直下承担"我是佛"。

透网金鱼

三圣慧然禅师问雪峰义存禅师说："请问老师，透网金鱼吃什么过活呢？"

雪峰禅师不以为然地回答："等你出网之后，我再告诉你吧！"

然而，慧然禅师还是咄咄逼人地问："您是指导一千五百人的善知识，怎么会不识这个话头呢？"

雪峰禅师听了，一点儿也不为所动，只是淡淡地回应了一句："老僧寺务繁杂。"

养心法语

透网金鱼，喻指已脱离烦恼束缚，证得解脱自在之悟道者。慧然禅师借由"透网金鳞，以何为食"一语，与雪峰禅师就迷悟凡圣的境界互展机锋。已有悟境的慧然禅师以透网金鱼来自喻，询问雪峰禅师悟后应该如何起修，但是雪峰禅师认为慧然禅师尚未完全证悟，答以出网之后再谈。慧然禅师不甘示弱地继续逼问，雪峰禅师最后就以"老僧住持事繁"来点化他，表示悟道后的生活应该心怀芸芸众生。

人在未悟道以前，心灵是愚痴苦恼的，凡事以自我为中心。但是在悟道之后，则由自利转为利他，心心念念都是为普利众生。因此，悟道后的生活，是大众重于个人的生活，能够感受大众与自己是一体的，甚至大众比自己更重要；是精神重于物质的生活，不会在物质上汲汲贪求，而重于精神上的升华扩展；是智慧重于感情的生活，能以智慧来净化私情私爱；是布施重于接受的生活，能体悟"给"的价值，乐于布施。

禾山打鼓

　　五代的时候，有一位禾山无殷禅师。他自幼就在福建的雪峰山出家，受过具足戒之后，就遍参诸方，得法于九峰道虔禅师。

　　有一天，禾山禅师对学僧们开示说："习学谓之闻，绝学谓之邻，能够过这二关的学习，才能进入真正的悟道。"

　　这时有位学僧问道："老师，请问什么是开悟的境界？"

　　禾山禅师拿起柱杖回答："要懂得打鼓。"

　　学僧不明就里，再次提问："那打鼓与悟道的真谛有什么关系？什么叫真谛呢？"

　　禾山禅师仍然回答道："就是懂得打鼓。"

　　学僧很无奈，于是避开前面的问题，又提出新的疑惑："禅师，什么是非心非佛？"

禾山禅师依然说："还是要懂得打鼓！"

"对一个已经开悟的人，禅师如何接引呢？"学僧不死心，依旧继续追问。

"懂得打鼓！"禾山禅师直截了当地说。

养心法语

禾山禅师以一句"懂得打鼓"，引导禅僧参究禅法的奥义。然而，修行的深浅，如人饮水，悟者的心境，难以用言语表明清楚。因此，禾山禅师不得不用鼓声的生灭点拨学僧，悟道的玄旨是在声尘言论之外。

悟道者懂得打鼓，能会得鼓声之外的"无声世界"，因为禅是离心绝相，截断众流，于无有议论处，方是自证自觉的下手处。

悟的境界，如何能说得出口呢？因为这是直下意会的境界。所以，禾山禅师对于学僧的参问，四次都答以："解打鼓！"无奈学僧仍是无法意会。

不如小丑

白云守端禅师年轻时在杨岐方会禅师那里参禅，但是，经过很久都不能觉悟，方会禅师非常挂念，常想如何才能开导他、启发他。

有一天，方会禅师问白云守端："为你剃度的师父是哪一位？"

"家师是茶陵仁郁和尚。"

方会禅师接着说："我听说茶陵郁山主有一次走路时跌了一跤，从此大悟，当时曾说了一首偈子，偈语你还记得吗？"

白云守端说："当然记得。偈语是这样的：'我有明珠一颗，久被尘劳关锁，今朝尘尽光生，照破山河万朵。'"

方会禅师听了之后，大笑离去，留下白云守端愣在当地，不知道方会禅师这一笑是什么意思。这天夜里，白云守端睡不着觉，第二天也吃不下饭。经过了两三天，他终于忍耐不住，就到法堂向方会禅师求教。

方会禅师回答得很妙："我们寺庙前的马戏班，有个耍猴戏的小丑，你看到没有？"白云守端回说看过。

"你在某方面实在不如一个小丑。"

"为什么？"白云守端不解。

方会禅师说："小丑的种种动作，就是希望能博人一笑，而你却怕别人笑，我才一笑你就不吃饭、不睡觉了，可见你连一个小丑都不如。"白云守端言下豁然大悟。

养心法语

一个人如果对自己的认识不够，心中不能自主，就会经常受外境的影响。别人赞美一句，就洋洋得意；别人谤言一句，就生气得不能安宁。自己的喜乐忧苦都被别人左右，便是失去了自己。

方会禅师的一笑，是否也能使我们有所觉悟呢？

感化小偷

原始佛教时代，佛陀制定的戒律规定，出家的比丘，每年四月十六日到七月十五日三个月中，都要结夏安居，定居在一处修行。结夏安居又名"雨安居"，因为此时在印度是雨季，托钵乞食不方便，所以比丘们就聚在一起修行。

江户时代，日本的龙门寺就举办了这样三个月的结夏安居。可是在安居期间，僧团里竟然常常有人遗失东西，不知道谁是小偷。于是大家就把丢东西的事，向住持盘珪禅师报告，希望他能查出小偷，并予以驱逐，以免大众受到更多损失和牵累。

可是日复一日，掉东西的人愈来愈多，却始终没有看到盘珪禅师出面处理这件事，很多人忍不住向禅师抗议说："如果再不把小偷查出来，我们立刻退出结夏安居的行列，不留在这里修行。"

盘珪禅师说："结夏安居的目的，就是要让有不良习惯与不温顺性格的人，变化气质，净化身心，如果僧团里连个小偷都不能容的话，叫他去哪里呢？难道让他去污染社会？假如你们要退出夏安居，尽管退出；容不下小偷的修行者，也不见得比小偷好到哪里去。"

大家听了这番话以后，对盘珪禅师的慈悲非常感动，小偷更是当下跪在盘珪禅师面前忏悔，誓言从此持守清净的戒律。

养心法语

禅门的教育，有时候疾言厉色，有时候包容感化，盘珪禅师不失为一位有禅心的禅者。禅师用包容心感化小偷，同时也教育了其他的徒众，禅门的教育是何等慈悲与方便！

体用不二

五代的时候，福州（属今福建）有位广平玄旨禅师，为白龙道希禅师的法嗣。

某天，一位学僧前来请示广平禅师说："请问老师，什么是法身的体呢？"

广平禅师回答道："法身就像无边无际的虚空，廓然皎洁，毫无瑕玷。"

"那法身的作用又是什么呢？"学僧进一步追问。

"就如天上的一轮明月映现在秋天的江面上。"

学僧听了又问："那么，法身的'体'和'用'，究竟是可分，还是不可分呢？"

广平禅师一听学僧这么问，马上瞪着他说："刚刚我说了什么？"

学僧恍然大悟，立即接口说："那么就是不可分了！"

广平禅师随即以一句"穿耳胡僧笑点头"认可了学僧所说。

养心法语 ——————————————————

法身的体性，本是不生不灭，如同虚空，充塞法界，无所不在，无处不有的。法身的作用，如同一月映现千江，从本体而起，随缘作用。所以，法身的"体"与"用"是结合的，体用是一而不二，不是分开的。因此，广平禅师对学僧最后所悟到的"体用不二"，才会以"穿耳胡僧笑点头"表示赞同。

其实，不仅真理是体用不二的，甚至世间、出世间也是不二的，烦恼和涅槃也是不二的，有和无也是不二的。就如佛法常讲的"烦恼即菩提"，因为有烦恼，所以才能觉悟。如果我们能这样来观察所身处的外境，就能够应物随缘，于一切境界不起烦恼执著。

九十六转语

有一天，洞山良价禅师提出了一个问题："'直道本来无一物，犹未合得他衣钵。'说看看，什么人才有资格？有谁可以说得出关键性的语句呢？"

有一位上座，他接连回答了九十六句，可是良价禅师听了通通都不满意；一直答到最后一句，良价禅师才终于微笑点头称许上座所说，并且感叹地说："上座啊，你怎么不早早说出这最后一句呀！"

正巧，二人的问答被法堂外的一位禅学僧给听见了，他又恰恰没听清楚那最后一句的回答。于是，学僧跑去请问上座最关键的最后一句，但是不论学僧如何好言央求，上座就是不肯为他说。

然而，学僧求法的意志相当坚定，决心随侍在上座左右，只为了明白那最后一句的答话。三年来，学僧天天请教，上座却是一个字都不肯透露。

一日，学僧忽然生病了，眼看自己离悟道尚远，心里非常地着急，因此又前去逼问上座，说："上座，三年前，学人请您为我说那最后一句，可是上座始终不肯为我说。既然这样，那我只有用狠恶的办法了！"

　　接着，学僧猛然握紧拳头，大声地说："如果上座再不回答，以后可就没有传人了！"

　　"别急！别急！我为你说，"上座笑了一笑，对学僧安抚地摆摆手，悠悠道出："直饶（纵使）将来，也是无处可着。"

　　学僧听了以后，当下豁然大悟，于是恭恭敬敬地向上座再三顶礼。

养心法语 ————————————

　　禅法不在于很多的语言文字，就算是说了千句万句，有时候都不如一句。上座的最后那一句，总算是对了眼了，然而他是花了千句百句的工夫，最终才获得良价禅师的印心，这岂是青年学僧所能轻易了解的呢？

时过三年，也许悟道的因缘成熟了，所以就不必再千句万句，就直接说了最后一句，青年学僧也能够豁然大悟。可见得，禅的百千法门，同归方寸，多和少，都不是问题，只要能入道，皆是一如也。

弥天释道安

道安大师是佛图澄的弟子,俗姓卫,常山扶柳（今河北正定）人。由于道安大师的手上，有一个隆起的肉瘤，世人又以"印手菩萨"称之。

道安大师是东晋时代中土佛教的中心人物，曾经在湖北的襄阳城弘法讲说达十五年。前秦的君主苻坚因为相当仰慕道安大师的德行、学问，于是以十万大军征讨襄阳，为的就是能够得到道安大师。苻坚曾说，襄阳一役，吾得士才"一人半"，其中的一人指的就是道安大师，半人则是名士习凿齿，可见苻坚对道安大师的敬重，而道安大师也曾多次劝谏苻坚休战，以避免百姓再遭涂炭之苦。

苻坚口中的"半人"习凿齿，是著名的文学家、史学家，不但学问广博，而且辩才滔滔，可谓名满士林。其实，在道安大师未到襄阳城之前，习凿齿便已听闻道安大师的盛名，心里早就想与道安大师辩论一番，一较高下，于是特意修书一封，表达希望登门拜访之意。

这一天，习凿齿终于来到道安大师所驻锡的寺院。道安大师见到有居士来访，于是请问对方尊姓大名，习凿齿一看眼前的这位僧侣貌不惊人，不知道他正是道安大师，于是趾高气扬地回答："你就传报：'四海习凿齿！'"

"请问仁者的法名上下？"接着，习凿齿又傲慢地反问。

只见道安大师微微一笑，不疾不徐地回答："弥天释道安！"

乍听此针锋相对的回话，习凿齿一时间为之语塞，不知如何回答。

养心法语

在道安大师之前的中土出家人，都依其师父的姓氏为姓氏，或者姓康、或者姓竺等等，例如师父是来自安息国的就姓安，来自天竺的就姓竺。但是，自从道安大师说出"弥天释道安"一词之后，所有的出家僧人便都以"释"为姓氏了。

名士习凿齿所说的"四海习凿齿"，意思是四海之内多闻我习凿齿之名；而道安大师则以"弥天释道安"回应，表示普天之下，只要有道、有佛法，就能够平安。两人的机锋相对，可说是饶富禅意了。

佛师已上座

　　无德禅师为人风趣，虽然自号"无德"，但其实是一位非常有德行的出家人，由此可见其谦冲自牧的性格。他待人处事，丝毫没有一点架子，相当的平易近人，更不会让人觉得威严可畏，总是带着禅者的幽默风趣，使人乐于亲近。

　　由于无德禅师经常穿梭在世界各地云水弘法，身边经常有数名的弟子徒众随侍而行。在这些弟子当中，有一名擅长外文的徒众，名曰普光，平时专门负责为无德禅师即席翻译各国的语文，有时候是英文，有时候是西班牙文，有时候是日文，普光禅师都能够胜任无碍，一点儿都难不倒他，因而甚得无德禅师的赞赏。

　　有一次，无德禅师在德国禅净中心开大座讲经，眼看时间已经快要到了，仍然不见普光禅师的人影，众人正在着急的时候，普光禅师终于姗姗而来。

无德禅师看到这种情况，不但没有怒色，也没有开口责骂，反而语带幽默的口吻，微笑着说："普光佛终于驾到了。"

普光禅师听到师父这么说，也不假思索地回答："普光佛的师父早就上座，因此只得在座下听候差遣。"

就在这时候，钟响三下，讲座正式开始。台下有一位教授，是知名的国际经济学者，他从座中站起来，说："请容我在讲座之前向大家说明，刚才无德禅师和徒弟的精彩对话，就已经是一番禅机妙用。接下来的言说，自然更加精彩，就看大家如何契入了。"

养心法语 ————————

　禅门的教育，有时候棒喝，有时候无言，有时候指东说西，有时候指桑骂槐。无德禅师他的禅机妙用，不仅在生活中表露，即使是行脚云游，或者是讲经开示，依然不离禅者的幽默风趣，其教育之灵活运用，可说不言而喻了。

卖佛号

日本有一位家中经营当铺的居士，他的父亲是个十分小气的人，对儿子老往寺院跑非常不谅解，经常喝斥他："傻儿子！你每天到寺院走动，却什么东西都得不到，如果你有那么多闲暇时间，不如去编草鞋，至少还可以赚一点钱。"这位居士对父亲的话感到十分困扰，于是去求教白隐慧鹤禅师。

白隐禅师听了之后，便想了一个办法，要居士回去转达。居士回到家，对父亲说："松荫寺的白隐禅师真是个奇妙的人。我今天到寺院，他问我有没有人要卖佛号？他愿意出价来买。爸爸，你既然那么喜欢赚钱，何不念佛卖给他呢？"

这位贪心的父亲一听到有钱可赚，马上眉开眼笑地跑去找白隐禅师。他到了寺院，就问："禅师，听说你要买佛号，这是真的吗？"

白隐禅师微笑说："是的。不过，便宜的我不买喔！"

这位父亲很高兴地说："便宜的我也不卖，请您用高价来买我的佛号吧！"

白隐禅师一脸慎重地说："你如果想卖贵的佛号，就必须好好念佛，这样的佛号才有价值。"

居士的父亲好奇地问："那要怎么念佛，才算是有价值的佛号？"

白隐禅师说："光是口中念出的佛号不算什么，必须是用心念诵的佛号，这样的价值才高。"

居士的父亲听了，心里盘算着："一个佛号从心里念和口中念，同样都是念佛，我当然要选择贵的来念。"

于是他很用心拼命念佛，念了一段时间之后，心地逐渐光明，终于明白禅师要他念佛的用意。这时他对自己先前的贪念起了惭愧心，也对白隐禅师的慈悲宽大更加钦佩，从此成为一位虔诚的佛教徒。

这位居士的父亲本来是要卖佛号的，可是到了最后，他对白隐禅师说："感谢禅师，你的高价买佛号，让我受用无穷。"

养心法语

上述的禅话，和迦旃延尊者"卖贫穷"的故事可说是一样的。

在佛陀的时代，迦旃延尊者出外托钵，一位老妇人说："尊者，我已经十分贫穷了，哪有饭食供养您呢？"迦旃延尊者微微一笑，慈和地说："老太太，你既然有贫穷，那你就把贫穷卖给我吧！"老太太听了，惊讶地说："贫穷怎么卖法呢？"迦旃延尊者说："你布施我一碗水，布施我一点善意，布施一些好心给我，价码就足够把贫穷卖给我，我就把富有卖给你了。"老太太心想："哦，这么容易。"便即刻从家中取出一碗水，布施给迦旃延尊者，并说："谢谢您！我活到这一把年纪，才懂得'卖穷买富'的方法。"

而白隐禅师对这位悭客的父亲也是运用这样的方便，不也让他得度了吗？

表演给你看

唐朝洞山良价禅师的禅法教学，经常以人间性、生活化的轻松对谈来引导学人，在看似平凡的情境当中深入参究，进一步得到体悟。

有一天，良价禅师吃过饭后，正在低头洗钵的时候，忽然听到树上传来一阵嘈杂声。良价禅师抬头一看，原来有两只乌鸦，为了抢夺一只青蛙，因而争相扑打，聒噪不休。

有位年轻的学僧站在旁边看了好一会儿，满腹疑惑地问："请问老师，这两只乌鸦相斗，不过就是为了一只青蛙，为什么它们要打成那个样子呢？"

良价禅师回过头来，微笑地看着年轻的学僧，反问："你认为呢？"

学僧不解地摇摇头，回答："不懂。"

良价禅师注视着学僧，沉默了一会儿，才缓缓地

学问，学了要会问；

参学，参了还要学。

说："因为它们是表演给你看的呀！"

学僧不以为然地说："即使或叫或跳，也不必打斗到这种程度啊！"

良价禅师说："它就是以你的程度来表演的啊！"

学僧疑惑地说："以我的程度？我最不喜欢打斗杀戮啊！"

良价禅师就说："那你就该了解打斗的意思了。"

学僧听了，豁然有所领悟。

养心法语 ————————————

打斗就是两方战争。这世间可说到处战斗不停：乌鸦和乌鸦争，兽与兽争，人与人争，甚至人还与大自然争，有时候还会天人交战。因为贪嗔好战、强取豪夺，才有这么多的战争，看到了这些战斗，而不想再有争战，这不就是战斗在说法了吗？

文殊骑狮子

唐代筠州（今江西宜春）的末山比丘尼了然禅师，自从受法后，他的禅机锐利，一些禅僧和他对话、论机锋，都不是他的对手。他在江西高安大愚禅师座下得法，更加大彻大悟，曾和临济禅师共同参学大愚禅师，算起来也应同列大愚禅师的门下，是当时有名的女禅师。

一日，有一位禅僧想试试了然比丘尼的斤两，就带着傲然的态度专程到末山去探问他的禅法。了然比丘尼一见，不待禅僧开口，就说："这一身破旧的衣服也能来请法问道吗？"

禅僧答道："衣服虽破旧，可是穿着这身衣装的，可是一头真正的佛门狮子喔！"

了然比丘尼冷冷地问："那你是狮子了？"

禅僧直下承担地说："当然！"

了然比丘尼即刻说："那为什么你要作狮子，甘愿作文殊的座骑呢？"

禅僧知道难以招架，不过他仍然辩称："不是这样的。狮子未曾被文殊骑，文殊也未曾骑狮子啊！"

了然比丘尼不以为然地说："你既然没有被文殊骑，文殊也没有骑你，总之你是狮子，何不吼一声来听听看呢？"

禅僧哑然，但也不由得佩服了然比丘尼的禅功，后来便留在末山跟着了然比丘尼随众参禅多年。

养心法语

佛教里面，对比丘和比丘尼，一般总是有重男轻女的观念。然而，像六祖惠能大师跟随一位比丘尼听《涅槃经》，雪峰义存禅师和玄机比丘尼谈禅论道；甚至隋朝的开国皇帝都是给一位法名智仙的比丘尼抚育养大，乃至宋朝法珍比丘尼断臂募刻《大藏经》。可以说，比丘尼对佛门法务的贡献，在历史上不可抹灭。

所以，佛教应该摒除男女相，只论成就不论外相。千百年来，女众为佛教的奉献、功德、建寺、安僧，就如了然比丘尼的智慧，也昭昭在历史上多所记载喔！

十年养成

宋代隆兴府（今江西南昌）泐潭的湛堂文准禅师，是黄龙慧南禅师的后世门下，为宝峰克文禅师之法嗣。

文准禅师刚剃发出家时，曾参谒梁山乘禅师，请问什么是戒法大义。

梁山乘禅师端详着眼前这位还没有受具足戒的学僧，心想，真不知天高地厚，于是毫不客气地喝斥："你这个驱乌沙弥，都还没有受戒，就想要了解戒律的大义吗？"

梁山乘禅师讲过以后，文准禅师并没有被这番话吓住，只是沉着且自信地拱手作礼，问道："我们的禅堂是戒吗？我们的禅师是戒吗？我们的戒坛是戒吗？我们的戒堂是戒吗？我们的得戒阿阇黎是戒吗？我若不懂，那怎么受戒呢？"

文准禅师这么一连串的询问，让梁山乘禅师大为惊叹。他觉得这个性格急躁的沙弥，虽然讲话冒犯，倒也还正直有道，于是对他说："不要胡说乱道，你想问戒法，就好好修行，安住身心，十年后再来问我。"

后来，文准禅师到宝峰克文禅师的道场参学，他安住修道，不攀缘、不外出，挑柴担水，典座行堂，种种作务，随众生活，认真持戒参禅。

时光迅速，十年一晃过去了，某天清晨，文准禅师沐浴更衣，搭衣持具，准备到方丈室去请求开示。走到半途，忽然心中一亮，像石火电光一般，心中的疑云全部破除。

文准禅师当下愣住，待回神过来后，即刻向远方遥拜，并说："感谢和尚，若非您当初的'十年之约'，我哪有今日呢？"

养心法语 ————————————

禅悟，有的是顿悟，一句话就消除迷惘，即刻见道；有的则需要时间，也就是所谓的渐修，即使十年也不算长。文准禅师应该算是顶尖的人物，就是因为老师叫他安住身心，常住十年，他能够以这句话信受奉行，所以才能因缘成熟，各种悟道的条件都具备了，他还能不悟吗？

最好问你自己

有一个夏日的傍晚，无德禅师与众弟子巡山之后，于大殿前的丹墀广场安坐小参。

此时，清风徐来，蛙鸣虫叫，众人享受着寺院周遭自然的山峦景色，好不惬意。

这时候，有一位学僧忽然问道："老师，寺院边山上的竹子好美啊！不知道是谁家的？"

无德禅师反问他说："为何有此问题？"

学僧回答："因为前天我看到有人正在砍伐竹子，我不确定是否是寺院的，因此不敢前去制止。所以，我想请问老师，这竹子究竟是属于我们常住的吗？"

无德禅师淡淡地说："我不能回答你这个问题。"

一众听了，非常讶异不解，心想这么小的问题，老师为什么不肯回答呢？

过了一会儿，无德禅师终于回答："你不可以连这样小的问题都问老师。老师老了，无法一一知道常住的财产、寺务，你应该去问关心常住的弟子。"

　　然后，无德禅师又再追加一句："最好问你自己！你有关心常住吗？"

　　一众默然，这才知无德禅师是在教导这位学僧。

养心法语 ————————

　　世间无论任何的事情，都需要大众来关心。在一个寺院团体里，谁能担当做领导人，就看他平常有否关心全体大众和所有寺务。所谓家事、国事、天下事，要事事关心，才能成为全部的学习。假如把公众的事情置若罔闻，也不介意，到了这个团体要提升你的时候，因为你平常凡事都不去关怀、留意，所以纵然有重要的任务，也轮不到你啊！

太阳出来了

江西抚州龙济山绍修禅师，得法于罗汉桂琛禅师。最初与法眼文益禅师一同参礼地藏院的桂琛禅师。后来与法眼禅师一同辞别桂琛禅师，准备动身前往福建建阳参学。

法眼禅师在路上问绍修禅师说："森罗万象是在心内，还是心外？"

绍修禅师回答："当然在心内。因为心包太虚，心外无法。"

法眼禅师继续问："把这么重的宇宙万有牵挂在心里，不沉重吗？"

绍修禅师闻言，忽然有省，立刻对法眼禅师说："法兄，我对你所讲的问题，必须找个地方思惟一段时期，不然会对不起你啊！"

法眼禅师知道绍修禅师的心灯已经亮了，就点点头说：“你思量吧！等到太阳出来了，万里晴空，你可要来找我哦！”

绍修禅师终于言下大悟，握住法眼禅师的手说："太阳已出来了！"

养心法语

过去，儒家有一位秀才到寺院去，指着墙上的对联向知客师说："您这副对联不通啊！"因为对联上头写着"须弥纳芥子，芥子藏须弥"。秀才的意思是，须弥山很大，纳芥子没有问题。可是芥子那么细小，怎么能把须弥山都藏进去呢？

知客师也不是省油的灯，回答道："秀才您懂得读书，杜甫有诗云：'读书破万卷，下笔如有神。'"接着他就拿了一本书，对秀才说："请把这本书放到您的头脑肚子里去吧！"秀才不禁茫然。

世间的一切，有事理的不同，也有事理的融通。大小，是在事上讲，可是在理上就没有大小了。例如就一与多而言，十个、百个、千个都是多，但如果是一个地球、一个世界、一个虚空，难道一就小了吗？又如一面镜子，镜里映现了外面广大的山河，那么镜子会给山河胀破了吗？不然也，它映现的山河是理啊！一盆水，里面可以现出月亮来，那月亮的面积是多少？不会把一盆子胀破吗？所以才会说："欲会无为理，先从有相看。"

庆贺一生

宋朝的天台德韶禅师，俗姓陈，浙江龙泉人。十七岁于本州龙归寺出家，十八岁在信州（今江西上饶）开元寺受具足戒，曾经遍访投子大同等明师五十四人，得法于法眼文益禅师，为法眼宗第二祖。之后入天台山访智颐大师的遗迹，驻锡白沙寺。后来受吴越王钱弘俶的迎请到杭州，并且尊奉为国师。此后又迁住天台般若寺，兴建道场数十所。门下弟子众多，其中以永明延寿最为人所知。

有一天，德韶禅师上堂说法，一位禅僧对生死来去不能明白，提问道："僧人圆寂之后，会到哪里去呢？"

德韶禅师说："他会来做你的弟子。"

学僧一听，说："不敢，弟子哪能有圣僧来做弟子。"

德韶禅师微笑看着他，说："所以这个你就不懂了。"

学僧仍然继续追问道："这且不谈，请问：假如弟子荼毗（火葬）以后，会到哪里去呢？"

德韶禅师说："恭喜你！到了荼毗这阶段，你这一生有成就了。"

学僧闻言，一时无语，恍若有悟。

养心法语 ————————————————

生从何处来，死往何处去？这是人生最大的谜题。简单来说，生，从生处来；死，往死处去，这有什么好疑惑的呢？问题是什么是生处？什么是死处？其实，生死没有两处，都只是一处。懂得生了要死、死了要生，懂得生死循环，这不就是一回事吗？虽然如此，从生能解脱，无生就无死，能了生脱死，不就值得庆贺了吗？

《无言童子经》

来自新罗国的新罗龟山禅师，年少时曾经来到中土参学，后来在福建福州长庆院的长庆慧棱禅师门下开悟，并且得其法要。

有一天，龟山禅师上堂说法的时候，举出一则唐朝宰相裴休的公案故事说：

宰相裴休到寺院参礼，看到一位沙弥正在读经，便问他："请问，您看的是什么经？"

沙弥回答："《无言童子经》。"

宰相裴休接着又问道："那么，这部经有几卷呢？"

沙弥回答："总共有上、下两卷。"

宰相裴休想试验一下沙弥，故意问道："哦？那就奇怪了，既然这部经名为'无言'，为什么还会有两卷呢？"

沙弥一听，不知以对。

龟山禅师说完这则公案，稍事停顿，他环顾在场的诸师，然后问大家："诸位！如何回答此话呢？"一众皆默然无言。

这个时候，忽然有一位沙弥起座回答："两卷者，就是天地上、下两卷，天地之间，万事万物，何必去分别？当然就是无言了。"一众都为沙弥的聪明伶俐叫好。

养心法语 ————————————

在《大藏经》中，《无言童子经》确实是两卷，但是佛陀曾说过，他说法四十九年里，没有说过一个字；因为真理说了也等于不说。所有的说法，其实都是为了启示愚昧的众生而有，都是相似说，不管是一卷也好，百卷也好，还不都是一样吗？等于这部经虽有上、下两卷，但是天地合流，万法归一，还有什么可说的呢？

赵州勘验

唐朝的赵州从谂禅师重视生活中的修行，常以日常的事物来作教学。他擅长以机锋接引学人，留下许多著名的公案话头，影响后世甚巨。著有《赵州真际禅师语录》一卷。

有一天，赵州禅师到一位庵主的住处拜访，到了之后便问："有没有呀？有没有呀？"

庵主知道赵州禅师有意试探他，也不开口，一脸得意地举起拳头，然后在赵州禅师的面前晃一晃，意思是：别问了，我的自性就在这里。

赵州禅师看到庵主的举动，摇摇头，叹了口气说："水浅不能藏蛟龙。"

赵州禅师接着到第二位庵主处，问了他同样的问题："有没有呀？有没有呀？"

这位庵主听了，向赵州禅师恭敬地一问讯，之后，一样在赵州禅师面前举起拳头，不发一语。赵州禅师便点点头，说："能纵能夺，能杀能活。"

养心法语

赵州禅师有"古佛"之称，他为了禅门的悟道，八十岁了还在各地参学，所谓"赵州八十犹行脚，只为心头未悄然"。大悟后的赵州禅师，直截明了，例如他勘验两个庵主，都问了同样的问题："有没有？"这一句话，其实是问有没有人？有没有悟？有没有佛法？这一个广泛的问题，如果不善于回答，就会落入问题的窠臼。

第一个庵主，他不正面回答，只是举起拳头，表示自信、表示自我肯定。赵州禅师则说"水浅不能藏蛟龙"，意思是禅门还要再深入，当然就不讲什么了。第二位庵主，也是禅门的高手，对赵州禅师这样太过广泛的问题，他不做具体的回答，只同样举起拳头，但先多了一个问讯。因此，赵州禅师就多了一些赞许词，说他"能纵能夺、能杀能活"。意思是，一个禅者能随缘自在、随性逍遥；能放纵、能夺取，也就是能放能收、能活能死。

禅者有时候要活出自己的真如佛性，有时候也要能杀却无明烦恼，这种赞许，在禅门也是需要有深厚功力的。

亲尝滋味

唐朝池州（今安徽南部）的杉山智坚禅师，与南泉普愿禅师同为洪州马祖道一禅师门下的法嗣弟子，两人在禅法上，常有所往来酬答。他驻锡杉山的时候，人以山显，山以人彰，当时经常有僧众前来，但生平弘法事迹记载不详，只有语录散见于《祖堂集》《五灯会元》之中。

一日，智坚禅师和南泉禅师与全寺大众一起到菜园里出坡拣野菜，好半天后，南泉禅师忽然举起一棵菜，向智坚禅师挥一挥，说："你看，这棵菜长得真好，应该先供养佛菩萨吧！"

其他禅僧看到了，纷纷说："一棵不够啦！我们多拣一些菜来供养。"

智坚禅师等到大家安静之后，摇摇头，不以为然地说："错了！就是全菜园里的菜都拿去供养，诸佛菩萨也看不上眼。"

南泉禅师哈哈一笑说："难道看不起菜，也看不起心吗？"接着又说："话虽如此，每一样东西总要尝过才知道滋味吧，难道诸佛菩萨尝不到心中的滋味吗？"

智坚禅师听了，点头说："如是，如是，有了心中的滋味，那就是美味了。"

养心法语

世间上，人情往来，里外有轻重，人情也有轻重，心意更有轻重。所谓"一担米，养一个仇人；一斤米，养一个恩人"，所以，不是一担米和一斤米的多少，而是心意的程度如何？

心香一瓣，遍于十方，无论什么事情，有了一点禅心，滋味就不同了。

无上福田僧

曹山本寂禅师的法嗣弟子曹山慧霞禅师，最初参礼本寂禅师的时候，探问道："什么是佛陀的袈裟？"

本寂禅师回答："等你披上了，我才告诉你。"

慧霞禅师又问："如果学人披上了之后，又是如何呢？"

本寂禅师淡淡地说："那你就是无上的福田僧了。"

慧霞禅师问道："那么，和尚您有披过吗？"

本寂禅师微微一笑，说："老僧我现在还披不得啊！"

慧霞禅师疑惑地问："要到什么时候才披得呢？"

本寂禅师说："等你披得的时候，我自然就能披得了。"

慧霞禅师言下有悟，从此留在本寂禅师的座下参学，并得到本寂禅师的法要。

佛制的袈裟，是出家人的服饰，包括安陀会（即五条衣）、郁多罗僧（即七条衣）、僧伽梨（即大衣，以九条至二十五条制成），称为"三衣"，总称为"福田衣"。

袈裟，是以一块一块的布做成，就像田地一样。衣上一块一块的田地，象征着披了以后，能作众生的福田，能开导众生，能服务众生，是接受众生植福的地方。故有偈云："僧宝清净不思议，身披如来福田衣；堪作人天功德主，坚持戒行学无为。"

比丘一般在礼拜、课诵、修持的时候，都披着入众衣（七条大衣），没有披最高的祖衣（二十五条大衣），因为这只有方丈大和尚才会披着。慧霞禅师问本寂禅师，有披无上福田衣吗？这是当然的，因本寂禅师早已是方丈大和尚，但是他还有所等待，等待大家都能悟道，所以说："等你披得的时候，我自然就能披得了。"平等心，才是无上福田啊！

你悟了什么?

　　唐末五代时候的鼓山神晏禅师,是大梁(今属河南开封)人。年少时随卫州(今河南淇县)白鹿山道规禅师出家,于嵩岳受具足戒。此后参学于各方丛林,叩问过不少禅林大德,虽然懂得一些禅语机锋,却只是皮毛知解,并不是真正的开悟。直到遇到雪峰义存禅师,在彼此机缘相契之下,豁然大悟,并得其心印。雪峰禅师圆寂后,神晏禅师应闽帅王延彬的礼请,迁住于福建鼓山涌泉禅院,阐扬宗风三十余年,有"兴圣国师"的称号。

　　神晏禅师在雪峰禅师处参学时,有一天,雪峰禅师观察到他悟道的机缘已经成熟,就在问答当中,忽然一把抓住他的手,逼问他:"你悟到的到底是什么? 快说,快说!"

　　刹那间,神晏禅师豁然开朗,感到虚空粉碎,忘却身心，忘却时空，他开口说："不能说，不能说！"

过了一会儿，雪峰禅师又问他："你有什么不能说？"

神晏禅师说："父亲讨后娘，不能说，不能说。"

雪峰禅师点点头，拍拍他的背，为他印可说："很好，世间又多一个自由自在的禅者了。"

养心法语

佛法，有的能说，有的不能说。能说的，你都懂，不能说的，说了你也不懂。所谓"佛说般若波罗蜜，即非般若波罗蜜，是名般若波罗蜜"。佛说的般若波罗蜜，谁能懂得？就是佛的种种譬喻，说的也不是真的般若本义，要非去相似的说法，即非般若波罗蜜，才能给它一个假名叫作"般若"。所以，禅师不是不会说，因为对于真理要悟，所谓"如人饮水，冷暖自知"，觉得不能说，不能说，是最为亲切了。

随他去了

唐代的药山惟俨禅师，绛州（今山西侯马）人，俗姓韩。十七岁依止潮阳（今属广东）西山慧照禅师出家，于湖南衡岳寺希操律师处受具足戒，严持戒律，博通经论。后又参礼石头希迁禅师，领受法义，也曾参礼马祖道一禅师，在其门下奉侍三年。后来住澧州（今湖南澧县）药山，广开法筵，四众云集，大振宗风。

一位禅僧问惟俨禅师："一个人参禅学道，要如何不被外境所惑乱？"

惟俨禅师说："随他去，不去理会他。"

禅僧叹了口气，说："虽不理他，但他前来骚扰，无法抵抗，如何是好？"

惟俨禅师说："提起勇气，还是不理他！"

禅僧接着又问："纵有勇气，但境界围绕在身旁不肯去，二六时中，总有很大的压力，难以抵御外境。"

惟俨禅师淡然地说："那你只好随他去了。"

禅僧一听，豁然有省，就在这句话里得到入处，欢喜礼拜而去。

养心法语

人生活的这个世间，充满了五欲六尘的境界，可以说，有千万的魔军向我们攻击而来。人，也真是了不起，每天要与贪嗔痴作战，降伏贪欲、嗔恨、愚痴；每天要去除疑虑、嫉妒、比较、计较等各种烦恼。此外，世间的声色货利，还有种种的诱惑，甚至于甜言蜜语的赞美，也会使人丧失心志。

这世间与道相应的很难，与烦恼相应的很多，虽然说不睬他，随他去，讲时容易，行之困难，甚至是"讲时似悟，对境生迷"。所以，年轻的禅僧问了再三，惟俨禅师都说随他去，不睬他；如果再做不到，只有沦于万劫不复之地了。不过，这名禅僧反倒因为畏惧而有所警觉，总算找到对治的消息了。

卷二

木有本，水有源，当下的一刻，原来是从历史时间中得来的。所谓「因缘成熟」，也就是这个意思。

将军的忏悔

梦窗疏石国师有一次搭船渡河，当船正开行离岸时，有位带着佩刀拿着鞭子的将军，大喊道："等一下，船夫！载我过去！"

全船的人都说道："船已开行，不可回头。"

船夫也大声回答："请等下一班吧！"

这时，梦窗国师说道："船家，船离岸未多远，给他方便，回头载他吧！"

船夫看到是一位出家师父讲话，因此就把船开回头让那位将军上船。将军上船以后，刚好站在梦窗国师的身边，拿起鞭子就抽打了梦窗国师一下，嘴里还骂道："和尚！走开点，把座位让给我！"

这一鞭打在梦窗国师头上，鲜红的血汩汩地流下，国师不发一言就把位子让出，大家看了都非常害怕，虽不敢大声讲话，但不免窃窃私语，说禅师要船家回头载他，他还打他。将军这时已知道刚才的情况，但碍于面子，也不好意思认错。

船到对岸，梦窗国师跟着大家下船，走到水边默默地、静静地把脸上的血洗掉，这位蛮横的将军终于觉得对不起梦窗国师，上前跪在水边对国师忏悔道："禅师对不起！"

梦窗国师心平气和地说："不要紧，出外的人心情总是不太好。"

养心法语 ————

世间上什么力量最大？忍辱的力量最大。佛说："修道的人不能忍受毁谤、恶骂、讥讽如饮甘露者，不名为有力大人。"世间上的拳头刀枪，使人畏惧，不能服人，唯有忍辱才能感化顽强。诸葛亮"七擒孟获"，廉颇向蔺相如"负荆请罪"，此皆忍辱所化也。

五代·佚名·白衣观音像（故宫博物院藏）

无言、心心相应，

是谈话的最高艺术；

无相、事事默契，

是做事的最高境界。

覆船生死

有位学僧去参拜雪峰义存禅师。雪峰禅师问他："你从哪里来？"

学僧回答："我从覆船洪荐禅师那边来。"

雪峰禅师故意幽他一默："生死大海还没有渡过去，你为什么就先要覆船呢？"

青年学僧不了解雪峰禅师的幽默，回来便把经过告诉覆船禅师。

覆船禅师就对学僧说："你为什么不说'因为已经超越生死苦海，当然就要覆船。'"

于是，学僧又再回到雪峰禅师处，雪峰禅师问："既然是覆船，还来做什么？"

学僧胸有成竹地说："因为我已超越生死，不覆船做什么！"

雪峰禅师听了，不客气地说："这句话是你老师教你的，不是你说的。我这里有二十棒，请你带回去转给你的老师覆船，告诉他另外还有二十棒，我留给自己吃。这一切与你无关。"

养心法语

　　这个公案在说什么？禅应该是无言说教，所谓"言语道断"，不应该在语言上打转，所以雪峰禅师和覆船禅师两人都在卖弄。如果禅可以这样讲、那样讲，要讲到什么时候才能相契？所以，他们要各挨二十棒，这不关学僧的事情，在禅者的心中，学僧还不够资格挨二十棒。到了学僧真正有资格被打被骂时，那个打骂里，是禅，是教，是心，是恭敬，是顶天立地。

　　我们不要从表面上看禅师们的言语行为，在言语行为以外的禅，才是他们安身立命最重要的地方。参禅的年轻学者们，要能忍受得了打骂的教育，才能接受得到禅门的微妙。

无一法可得

　　沩山灵祐禅师门下有两位弟子，一位是仰山慧寂禅师；一位是福州双峰禅师。有一天，仰山禅师问双峰禅师："师弟，近日可有什么修行见地？"

　　双峰禅师答："据我所知，实无一法可得！"

　　仰山禅师就说："你这样仍然停滞在尘境上，因此就找不回自己了。参禅学道要根不随尘，六根不要随着六尘而转。"

　　双峰禅师不以为然地说："我无一法可得，怎么可以说我停滞在尘境上？"

　　仰山禅师告诉他："你以为无法可得，其实已有一法可得。比方我们平常讲空或者四大皆空、一切皆空，其实并没有全空，至少你仍有一个空的概念，因此还是不空。真正的空是连空都没有，必须空去了空，连概念都不可以有。"

双峰禅师说："我只能做到根不随尘，心不在境。"

仰山禅师说："你为什么不去追究那无一法可得的？"

沩山禅师在一旁听到这句话，不禁欢喜地赞叹："仰山呀！你这句话说得好妙，可要疑煞天下人啦！"

双峰禅师仍然不解，他以为既然无一法可得，又怎么去追究呢？沩山禅师明白双峰禅师的心思，故意对他说："你就是一个天下人啊！"

养心法语 ————

禅者的修行，就是要修那无修的行门，就是要证那无证的果位，因为无修才是真修，无证才是真证，故所谓"无一法可得"才是真得，有谓"行到山穷水尽处，自然得个转身时"，就是此意。《维摩经》云："启建水月道场，大作空华佛事，降伏镜里魔军，证悟梦中佛果。"真正的禅者，即应作如是观。

通身是眼

　　道吾圆智禅师和云岩昙晟禅师是师兄弟，都在药山惟俨禅师的座下修行。

　　有一天，道吾禅师问云岩禅师说："我们供在佛殿上的观世音菩萨，有千手千眼，现在请问你，观世音菩萨的千眼之中，哪一个眼睛才是正眼？"

　　云岩禅师回答："如同你昨天晚上睡觉，枕头掉到地下时，你没有睁开眼睛，手往地上一抓就把枕头抓起来，重新枕在头下又继续睡觉。请问你那个时候是用什么眼去抓的呢？"

　　道吾禅师听了以后，就说："哦！师兄，我懂了，我懂了。"

　　云岩禅师继续问："你懂了什么呢？"

　　道吾禅师回答："遍身是眼。"

　　云岩禅师听后笑了一笑说："你只懂了八成。"

道吾禅师不禁疑惑地问："你怎么说我只懂了八成呢？那究竟该怎么说呢？"

云岩禅师指示："通身是眼。"

养心法语

遍身是眼，是从分别意识上去认知的；通身是眼，才是从心性上、真心上、无分别智慧上显现的。我们有一个通身是眼的真心，为什么不用他彻天彻地地观照一切呢？

我们平时看东西用八识中的眼识来分别，可是肉眼能看到这边，就不能看到那边，能看到近处，就不能看到远处，能看到外面，就不能看到里面。但是天眼通就不同了，所谓"天眼通"，不论内外远近都看得到。然而天眼也不究竟，天眼之上还有慧眼，慧眼之上还有法眼，法眼之上还有佛眼。

以无分别心的佛眼来看世间，世间一切在自性上都无分别，是自然显现的。因此，我们参禅悟道者，以真心本性的心眼、佛眼来观看世间，就能无有不知，无有不晓，那就是禅的功用。

养深积厚

　　五祖弘忍大师曾让弟子们各作一偈，以做为传法的依据。他看到惠能的诗偈："菩提本无树，明镜亦非台。本来无一物，何处惹尘埃"，心里明白惠能是个堪传大法之人，因担心他招人嫉妒，被人加害，只是说"此偈犹未见性"。

　　第二天，五祖悄悄来到磨坊问惠能："米熟了吗？"惠能回答："早就熟了，只是欠人筛过。"五祖听了，用锡杖在捣米的舂碓上敲了三下，随即离去。

　　惠能会意，便在半夜三更时分，来到五祖的丈室。

　　五祖告诉惠能："诸佛出世的一大事因缘，即是为随顺众生的根器，教示不同的佛法，因此有不同的法门。不论何种法门，都是无上微妙的佛法。佛陀将正法付嘱大迦叶尊者，之后辗转传授了二十八代，到达摩祖师时传来东土，授予二祖慧可，二祖传僧璨，三祖僧璨传道信，四祖道信传至于我，今我将传法予你。"

然后，五祖为惠能讲说《金刚经》，至"应无所住而生其心"时，惠能顿然大悟。五祖将法门衣钵交付惠能，授其为禅宗第六代祖师，并嘱其尽速远离，先行韬光养晦，养深积厚，以待机缘。直至十五年后，惠能大师才出世弘法，展开日后曹溪一花开五叶的璀璨禅宗史。

养心法语

六祖惠能大师虽然得到五祖弘忍大师的印可，然而为了避开争夺衣钵的人，他隐迹在猎人队里十五年，吃肉边菜，并随缘说法，直至因缘成熟方才出世弘扬大法。反观今人不耐于养深积厚，厚植弘法的福德因缘，一味急求速成，唯恐他人不知，令人慨叹！

只要工夫深

　　禅宗惠能大师从五祖弘忍处得法，获得衣钵心印之后，即刻往南方走避，为的是远离其他人的嫉妒陷害。但是消息仍然走漏，惠能还是被一位名叫慧明的禅者沿途追赶。等到终于追上时，慧明称此来不是为了衣钵，而是为了求法，恳请六祖惠能接引。

　　惠能便说："既然你是为求法而来，希望你先抛弃一切外缘，断绝一切思虑，我便为你说法。"

　　过了一会儿，惠能禅师接着说："你不要想到善，也不要想到恶。就在这个时候，请问什么是你慧明上座的本来面目呢？"

　　慧明听了这话，立刻大悟。接着又要求惠能再告诉他一些密意。

　　惠能禅师答道："我能告诉你的，就不是密意了。如果你能反观自照，反观自己，所谓的密意，就在你心中。"

慧明听了，非常感激地说："我在弘忍大师门下很久，都不知道自己的本来面目，谢谢您的指点，我觉得道是'如人饮水，冷暖自知'。我现在对自己都明白了。"

养心法语

人的心中，知见很深，执著很多，就是再好的妙法，也装不进心田，因此六祖惠能大师要慧明先抛弃一切外缘，断绝一切思虑，最后终于在六祖的指示之下觉悟。但是他如果没有在弘忍门下多年，可能也无法在六祖大师这里觉悟。这就像煮饭，虽然是最后的一把草将饭煮熟，然而如果没有前面的几把草，这饭也不能熟。

木有本，水有源，当下的一刻，原来是从历史时间中得来的。所谓"因缘成熟"，也就是这个意思。所以，禅者不要希望速成。慢慢地，总有一日会能得到自性的。

不思不虑

某天，有位善于讲经说法的法师前去造访杭州的盐官齐安禅师。

盐官禅师就问对方说："请问座主擅长什么经典呢？"

法师回答："《华严经》。"

盐官禅师接着又问："《华严经》所说有几种法界呢？"

法师听了，很傲慢地回答："广说有重重无尽，略说则有四种法界。"

这时，盐官禅师忽然竖起手中的拂尘，问："那么，这是第几重法界呢？"

法师沉吟支吾了半天，最后正要回话的时候，盐官禅师立即截断他的话头，说："思而知，虑而解，不过是非正道的鬼家活计罢了！"

　　禅门虽说"不立文字"，但本意并非摒弃文字，不研经教，而是三藏十二部经典终究只是因应众生根机所设立的方便法门，最究竟的，还是一心直入与佛相应的真谛。如果世人学道，只知将佛法落于口上说、心里思、意中想的玄妙空谈，不过徒然扰乱心神，于道又有何益呢？

　　惠能大师也说过："无念念即正，有念念成邪。"意思是吾人只要了悟自心，就是契入佛之知见；反之，揣测度量经典教化，不仅落入知识文字的迷障，恐怕也容易堕入偏邪知见的疑谤。要知道，对佛法的体解，不同于知识，它不是世智辩聪，也不是模仿人语的鹦鹉禅，而是在"闻如是"之后，还要"信受奉行"，才能亲尝禅的甘露法水。

自己的住处

赵州从谂禅师一生疏散不羁，随遇而安，过着随缘、随喜、随众的生活，从来不安住于一处，都是"处处无家处处家"。因此，到了八十岁还在云水行脚。

有一天，赵州禅师行脚到云居道膺禅师处，云居禅师问道："你年纪也这么大了，为什么不找个地方安住下来呢？"

赵州禅师听了，像是什么都不懂地问："什么样的地方，才能让我长居安住呢？"

云居禅师告诉他，山前古寺修复后，就可以安身。

赵州禅师反问："老和尚，你为什么不自己去住呢？"

又有一次，赵州禅师到鄂州茱萸禅师处，茱萸禅师也问他，为什么不找个地方安住下来？

赵州禅师感慨地说："你说什么地方可以给我安心住下来呢？"

茱萸禅师说："你不必问人！年纪这么大了，连自己的住处都不知道吗？"

赵州禅师听了，不禁肃然起敬地说："我赵州三十年来，驰骋山水，随缘生活，想不到今天才被驴子踢了一脚！"

赵州禅师当初会行脚，是因为有一个学僧问他："将来劫火焚烧的时候，四大五蕴的身体还坏不坏？"

"会坏。"

"既然身体会坏，那就随他去了？"

赵州禅师答："随他去！"

养心法语 ————————

就因为赵州禅师说了这么一句"随他去！"学僧表示怀疑，赵州禅师自己也有几分犹豫，所以后来他就遍历山川，到处行脚，访师决疑，所谓"一句随他语，千山走衲僧"。赵州禅师八十的年岁，仍行径百邑，以求抉择去疑，痛快而已。

其实，赵州禅师的行脚，早就找到了长久住处。

所谓"来时自有去处，动中自有静趣"。驴子踢了一脚，不过是多提起一次罢了。

肯定自己

有一天，沩山灵祐禅师正在打坐，弟子仰山慧寂禅师走了进来，沩山禅师就问仰山禅师："喂，你快点说啊！不要等死了以后，想说也无法说了。"

仰山禅师："我连修行都不要了，甚至连信仰也不要，还有什么说不说？"

沩山禅师："哦？你是修了、信了以后才不要？还是因为原本就不修、不信才不要的呢？"

仰山禅师："除了我自己之外，还有什么可修？还有什么可信？"

沩山禅师："如果是这样的话，那你不过是个只讲禅定的小乘人罢了。"

仰山禅师："小乘就小乘，我连佛也不要见。"

沩山禅师："我问你，四十卷的《涅槃经》中，有多少是佛说的？有多少是魔说的？"

仰山禅师："都是魔说的！"

沩山禅师听了弟子仰山所说的这番话，非常满意地点头说："今后没人奈何你了。"

养心法语

肯定自己，这是禅者的一大课题。仰山禅师说他连修行都不要，不是说不修行，而是他已经从修行中证悟到自己；等于乘船过河，既已上岸，不能还将船背着走。甚至，仰山禅师说他连信仰都不要了，表示他已能自己直下承担，还要另外信什么呢？所以真正的禅者是"不向如来行处行"。

世间上能改变人的东西太多了，例如：你爱钱，你就会被钱所操纵、所改变；你沉迷于感情，感情就能左右你、改变你；你畏惧威权，威权就能改变你，让你没有了自己。

仰山禅师的禅，超越了对待，超越了修行，超越了信仰，他是个过来人。"一切都是魔说的！"仰山禅师能如此肯定自己，世间上还有什么能奈何他呢？禅，就能让人这样找到自己、肯定自己。

王法与佛法

有一天，日本的花园天皇礼请大灯国师到宫内说法。

前去迎接国师的官吏，一再叮咛国师：参谒天皇时，一定要依礼披上道服。

国师非常不以为然地说："我是一个出家人，袈裟就是我的法服，为什么要我改穿道服呢？"

官吏见时候不早了，再次恳求国师说："请不要让下官为难，还是请您换上道服吧！"

大灯国师不为所动，只是闭目端坐，不再理会官吏的催促。

官吏不得已，只好回宫禀明情况，天皇明白国师的坚持，便不再强求他必定要换上道服。

没多久，大灯国师就被迎请到宫中说法，不仅受到尊荣的礼遇，天皇还亲自赐宴，向国师请益佛法。

天皇欢喜地说："佛法真不可思议，能与王法对坐。"

大灯国师听后，严正地回答："王法也不可思议，能与佛法对坐！"

天皇听了，非常赞赏，此后对国师更加礼遇尊重。

养心法语

就世间法而言，人民尊崇王法，可以得到国家的庇护；就出世间法来说，人心以佛法为仰仗，可以解脱生死轮回。然而当王法遇到佛法，到底以何为尊呢？有谓"不依国主（国法），则佛法难立"，若欲佛法快速弘传，固然须得力于君王的护持，但是历史上也有不少学德兼备的僧人，以佛法辅政，净化世道人心。所以，帝王若能以仁心为主轴，以王法护佑人民，并以佛法净化人心，王法与佛法二者，相辅相成，相互尊重，那便是全民之福。

一亲一疏

夹山善会禅师和定山神英禅师边走边谈论法义。

定山禅师说："人在生死流转中，若能时时体会世间一切都是虚妄，连佛性也不执著，就能超越生死。"

夹山禅师不甘示弱，也表示自己的见地："人在生死流转中，若能当下看见自己的佛性，就不会被生死所迷惑，就能超越生死。"

后来两人一起上大梅山拜见大梅法常禅师，并各自陈述自己的见解。夹山禅师问法常禅师："我们两个人的见解，不知道谁的论点才对？"

"一亲一疏。"意思是一个说得比较对，另一个说得比较差。

夹山禅师问："是哪一个人比较对呢？"

法常禅师回答："你们先回去吧！明天再说。"

第二天一大早，夹山禅师又去追问法常禅师："到底哪一个人的论点比较对？"

法常禅师大喝说："对的人不会来问，来问的人就是不对。"

养心法语

禅是超越两边，不立不废，直指人心的法门。夹山禅师认为超越生死，必须心中有佛，定山禅师认为解脱生死，连"佛"的概念都要空除。一有一无的说法，就好比说"只剩半杯水"和说"还有半杯水"，只是观点不同而已。

夹山禅师不明白，非要问个对与错，于是落入了言语、思想的分别，难怪法常禅师要喝斥他不对了。禅一问是非对错，当下便落入二元对立。因此，学禅者如果还执著于好坏、是非、对错、大小种种差别相，就会与禅心相违，背道而驰。

桶水天地

有一天，某位信徒请教无德禅师，到底有没有地狱与天堂？无德禅师没有立刻回答，只是叫信徒提一桶水来。

信徒把水提来以后，无德禅师说水桶里面就有地狱与天堂。

信徒非常好奇，聚精会神地望着水桶里面，许久之后，抬起头来疑惑地说，水桶里面并没有天堂与地狱啊。

无德禅师叫他用心再看，于是信徒又把头低下去，没想到，当他把头靠近水面时，无德禅师忽然用力把他的头压进水桶里去，只见信徒痛苦地挣扎，等他快喘不过气了，无德禅师才放手。

信徒一面喘着气，一面责怪禅师说："您怎么可以如此对我！这真像地狱一样的痛苦。"

无德禅师哈哈大笑，再问："现在您觉得怎么样？"

"现在呼吸自由，像天堂一样。"

无德禅师这时庄严地开示说："只一会儿工夫，你已从天堂、地狱来回过了，难道还不相信天堂地狱的存在吗？"

养心法语 ——————————————

如果因为没有到过欧洲，没有到过非洲，就不相信有欧洲、非洲的存在，这是无知，但是无知并不能把欧洲或非洲存在的事实予以否定。人没有见过、听过的事情很多，不能因为没有见过、没有听过，就认为这个东西不存在。

所以，愚痴的人不到黄河心不死，不见棺材不掉泪，一定要自己亲身经历过以后，才愿意相信。有智慧的人即使不见不闻，依然能以禅心感受到天堂地狱的存在。吾人是否也有这样的禅心呢？

自伞自度

　　世间上的人有好多种，有的人希望人家帮助我、利益我，有的人希望帮助人、利益人，有的人既不希望人家帮助，也不愿意去帮助别人，希望一切靠自己。

　　禅者，有靠自己的性格，所谓"迷时师度，悟时自度"。当未悟得禅时，他靠老师；一旦有了禅悟，他就靠自己，甚至再去帮助别人。

　　有一个赶路的信者在屋檐下躲雨，雨一直下着，不知道什么时候才会停。这时，他忽然看见一位禅师，撑着伞从面前经过，于是他就大声喊叫道："禅师，禅师！普度一下众生吧，带我一程如何？"

　　禅师回答："我在雨里，你在屋檐下；屋檐下无雨，你不需要我度。"

　　信者立刻走出檐下，站在雨中说："现在我也在雨中，禅师该度我了吧！"

禅师就说："我也在雨中，你也在雨中，我不被雨淋，是因为我有伞；你被雨淋，是因为你无伞；你要被度，不必找我，请自找伞度吧！"说完便走了。

养心法语

禅师的意思就是参禅学道要靠自己，自己有伞就可以不被雨淋。

我们自己有真如佛性，应该自己直指本心，见性成佛，只要自己能够明心见性，自然就不会被魔所迷惑。自己雨天不带伞，却想要别人来助你，就如平时不找到真如佛性，只想靠别人度你，放着自家宝藏不用，专想别人的，怎么能称心如意？

有人问道，我们拿念珠念佛菩萨的名号，而佛菩萨也拿念珠，念什么呢？当然也是念佛菩萨的名号！所谓求人不如求己，自伞自度，凡事要反求诸己。禅师不肯借伞，并不是不慈悲，这实在是禅师的大慈大悲啊！

工作热忱

　　日本的仙崖义梵禅师有一位卖包子的信徒叫山口大本，为人豪爽且富有侠义心肠。由于他做生意诚恳踏实，待人亲切，因此很多客人都欢喜到他的小店光顾。这位山口先生非常尊敬仙崖禅师，经常送自己做的包子或是当季所种的水果来供养寺院。

　　有一天，山口先生穿着沾满面粉的工作服，手上提着刚出笼的包子赶到寺院去。人都还没有进门，就急急忙忙对着寺里面呼喊："禅师在吗？"

　　"哎呀，是你呀！欢迎、欢迎！找我有什么事吗？"仙崖禅师一边说着，一边笑眯眯地迎上前去。

　　山口先生气喘吁吁地说："这是我做的包子，才刚出笼的，所以趁热赶紧跑过来送给您。"

　　仙崖禅师说："啊，是这样呀！请在这里等我一下。"说完，立刻转身进门。

过了一会儿，仙崖禅师搭着袈裟，衣装整齐地出现在门口，非常认真慎重地用双手将包子接收过来。

山口先生对禅师突如其来的举动，一时之间不能会意，抓着头不好意思地说："怎么了？我这不过是一点包子，不成敬意，不敢劳驾禅师您这样盛装来接受啊！"

仙崖禅师看着山口先生，说："你为了将热腾腾的包子送过来，身上还穿着沾满面粉的工作服，我敬重你这样的工作热忱及供养心，所以我也要穿上我的福田衣来接受，这样施与受才能对等，否则我受之有愧啊！"

山口先生说："禅师，您平常的说法，已经为我们播洒了善根的种子，那我们自己也要努力耕耘福田啊！"

养心法语 ————————————

佛、法、僧三宝中，佛如光，法如水，僧如田。佛，就像在心里建一座发电厂；法，就是建一座自来水厂；

僧，就是耕种的良田福地，所以说僧如田。

　　田，也有上等的田、中等的田及下等的田之分。像仙崖禅师，他特意穿着庄严的福田衣来接受山口先生的供养，可谓是上等的田；而做包子的山口先生也不含糊，他的虔诚供养，正是为自己力耕福田。二者对施受平等都有相当的认知，可说他们都深入禅意了。

何尝不自在？

北宋的宝峰克文禅师，俗姓郑，陕府阕乡（今河南陕县）人，号云庵，宋神宗赐号"真净大师"，为黄龙慧南禅师之法嗣。

宝峰克文初参黄龙禅师时不契机，后来受到顺和尚的点拨，才恍然明白黄龙禅师的立意用心，于是又折回黄檗山叩拜黄龙禅师。

黄龙禅师故意问宝峰克文："你从哪里来？"

宝峰克文双手合十，恭敬地回答："我从黄龙处来。"

黄龙禅师又问："到此何事？"

宝峰克文回答："特地到此礼拜黄龙老师，请教禅法。"

黄龙禅师将手里的拂尘一挥，说："真不凑巧，刚好老僧不在寺里。"

宝峰克文问道："请问禅师到什么地方去了？"

"往天台以及南岳去了。"黄龙禅师回答。

"这样啊！"宝峰克文故作可惜的样子，然后说："那，学人只得随缘自在去了。"

黄龙禅师话锋一转，问宝峰克文说："你脚上穿的鞋子，哪里得来的？"

宝峰克文回答道："用七百五十文钱买来的。"

黄龙禅师进一步问："何曾得自在吗？"

宝峰克文指一指鞋，反问黄龙禅师说："何尝不自在呢？"

养心法语

禅门的生活，若不能悟道就是不自在，悟道了就能随缘自在。所以，每位禅者为了求得自在，先要反问："自己的心自在吗？"南岳、草鞋、行脚都不是问题，问题是你活得自在吗？

黄龙禅师不用说，当然活得自在，从宝峰克文后来与黄龙禅师的对话来看，当然也心地已明，得自在了。

吃棒了没？

　　汝州（今河南汝州）的首山省念禅师，号首山，是北宋初期临济宗的僧人，为风穴延沼禅师之法嗣。

　　某天，有一位年轻的禅僧前来参谒省念禅师，问道："禅师慈悲，请问如何是和尚家风呢？"

　　省念禅师说："一言截断千江口，万仞峰前始得玄。"

　　这位禅僧又问："那什么是首山境呢？"

　　省念禅师微微一笑，说："任凭众人看。"

　　禅僧再继续追问道："那么，谁是境中人呢？"

　　省念禅师没有直接回答这个问题，只是反问道："吃棒了没有？"

　　禅僧听了省念禅师这一席话之后，心中已经明白，于是向省念禅师顶礼。

　　省念禅师一看学僧顶礼了，连忙摆摆手，呵呵笑着说："要吃棒子啊？以后再说吧！"

养心法语

禅门里，常常提到"德山棒、临济喝"，所谓"道得三十棒，道不得也三十棒"，也就是说，有理给你三扁担，无理也照样给你三扁担。或许有人会质疑，这不就是非不分吗？当然不是的。这其实是要把你的是非斩断，归于平等。所以禅门常常用"吃棒子"来表达禅悟的深浅。

省念禅师告诉初学的禅僧："吃棒子也未？以后再说吧！"正是表示，参禅是需要时间的，有谓"蛋未孵成，不能妄自一啄；饭未煮熟，不能妄自一掀"，必须时节因缘到了才能完成，可见吃棒子也不是那么简单的啊！

一个人心量有多大，事业就有多大；
一个人心能容多少，成就就有多少。

南宋·刘松年·罗汉（台北故宫博物院藏）

满目青山一任看

宋代理学家周敦颐，晚年筑居在庐山莲花峰下，自号"濂溪"，人称"濂溪先生"。

当时佛印了元禅师正好住持庐山归宗寺，周敦颐借着地利之便，经常到寺里拜访佛印禅师，并与他谈禅论道。

有一天，周敦颐问佛印禅师："请问禅师，《中庸》有一句话，说'天命之谓性，率性之谓道'，为什么禅门里又说'无心是道'呢？"

佛印禅师简捷地回答他："疑则别参！"

周敦颐仍不死心，继续追问："参则不无，禅师，究竟'道'是什么？"

佛印禅师说："满目青山一任看！"意思是告诉他，举凡眼中所看到的一切都是道，何必再问呢？

周敦颐听了之后满怀欢喜，醉心于这样的境界，对佛印禅师更加敬佩了。

又有一次，他看到窗外新长出来的嫩草生气盎然，心中若有所悟，不禁赞叹："这正是我心中的意境啊！"于是写了一首诗偈呈给佛印禅师：

昔本不迷今不悟，心融境会豁幽潜。
草深窗外松当道，尽日令人看不厌。

佛印禅师也以一首诗偈应和：

大道体宽无不在，何拘动植与飞潜。
行观坐看了无碍，色见声求心自厌。

养心法语

自古以来，文人学士都喜欢与一些有学问的高僧往来，成为方外之交。例如：李翱与药山惟俨禅师、韩愈与大颠宝通禅师、白居易与鸟窠道林禅师、梁武帝与宝志禅师等。宋朝的佛印禅师与苏东坡、周敦颐也是互为好友，他们分别是文学家、理学家，也可以说都是从禅立足而发展他们的人生境界。他们彼此唱和，寄托人生的另外一种境界，吾人今日有会意么？

宝应不在

唐末五代时候的南院慧颙禅师，是河北人，嗣法于兴化存奖禅师。得法之后，便迁住到汝州（今河南汝州）宝应禅院南院，人称"宝应禅师"或"南院慧颙"。

有一天，一位年轻的僧人前来拜会。

宝应禅师开口问道："你从什么地方来？"

僧人恭敬地回答："学人从襄州（今湖北襄阳）来。"

宝应禅师又问："你到这里来，有什么事吗？"

僧人说："末学特地前来礼拜宝应和尚。"

宝应禅师故意摇摇头，说："哎呀！宝应刚巧不在。"

僧人知道眼前正是宝应禅师的禅机，即刻回应说："那我就把您当作宝应上座，现在向您顶礼。"

宝应禅师仍然不为所动，冷冷地说："我已经和你说他不在了，你顶礼我有什么用呢？"

僧人就说："我不必管你、管他，我心中只是向宝应禅师顶礼。"

宝应禅师拿起身边的香板，立即向年轻的僧人打去。

僧人挨了一个香板，豁然大悟，说："谢谢宝应禅师赐我犍槌，让我了然心地。"接着当下就地礼拜。

宝应禅师点点头，说："佛子可教也！"

养心法语 ————————————

访客已经见到面，偏说宝应禅师不在，这对一个普通的行者来说，可能就蒙混过去了。但对一个诚意的禅者来说，就不是那么容易过关了。

而这名僧人不管你怎样否认，他已经认定了；在此一来一往之间，禅者的答问就算相应了。你说不在，我已认定；你赐香板，我也欣然接受。如此相应，还有何事不成呢？

手巧心巧

　　五代时候，有一位素来仰慕法眼文益禅师的画师，特别从家里挑选了一幅自己的得意之作，带到寺院来供养文益禅师。

　　画师见到文益禅师，与他一阵寒暄后，接着开始介绍自己的画作。文益禅师默然不语，只是静静聆听，并且专心注视着这幅画。等到画师滔滔不绝讲完之后，他才淡淡地说："这幅画如你所说，是一件相当杰出的作品。那你认为，这是得力于你的手巧，还是心巧呢？"

　　画师知道文益禅师有意试探他，满怀自信地说："是我的心巧。"

　　文益禅师微笑地看着他，说："那么你说，哪一个才是你的心？"

　　这位画师本来以为文益禅师会大大赞赏他有所

体悟，没想到，禅师竟然有如此一问，一时之间反而无言以对。

文益禅师见画师沉默很久，就说："还是我代你说吧！心，遍满虚空，充塞法界，一幅画又岂能代表心呢？"

这位画家这时候才惭愧自己的渺小，于是向文益禅师恭敬合掌，作礼而退。

养心法语

一般的文人学者，都自信文章是自己写得最好，道理自己说得最对，就如同这位艺术家"敝帚自珍"，认为这幅画作是自己最用心的作品。但是在禅门的高手之前，三两句话，就让他无言以对了。

文益禅师最后终于为这位画家点破，心是遍满虚空的，画作只是虚空中的一点，意味着不值得那么夸大啊！

赵州石桥

　　唐朝的赵州从谂禅师，幼年就出家了，他依止南泉普愿禅师二十年，八十岁时驻锡于赵州城东的观音院，大扬禅法四十年。

　　某天，有一位年轻的禅僧来参礼赵州禅师，谈起他在路途中见到的一座石桥。

　　年轻的禅僧说："赵州石桥，远近驰名，学人向往一睹风采已久，没想到亲眼见到了，也不过是一座普通的小桥而已。"

　　赵州禅师微微一笑，说："可惜呀！你远道而来，只见到一般的石桥，并没有看到真正的赵州石桥。"

　　禅僧被赵州禅师这么一提点，顿时心生惭愧，赶紧再问："请问禅师，那么什么才是真正的赵州石桥呢？"

　　赵州禅师淡淡地说："度人来往。"

禅僧追问："假如没有人来往呢？"

赵州禅师说："那就是石桥的功德圆满了。"

养心法语

　　四十年前，佛光山初建时，在东山建了一尊接引大佛。那时候，一来受于经济的困难，二来受于建材的局限，所以大部分的佛像都是用水泥塑成的。后来，经常有各地的人前来参访，看到接引大佛身边那一圈水泥塑造的佛像，就批评说："可惜！都是水泥文化，没有什么价值。"我也慨叹说："的确可惜！你老远来一趟，都没有看到佛像，就只看到水泥。怎么我们住了几十年，只知有佛像，不知有水泥。"

　　世间万法，一切唯心；心生万法生，心灭万法灭。所以我们到什么地方，能见到什么境界，就看你的心境如何了。

如何契合？

唐朝五台山的隐峰禅师，福建邵武人，俗姓邓，世称邓隐峰禅师。他最初参礼马祖道一禅师，但因机缘不契，转而到石头希迁禅师的座下参学。最后，又回到马祖座下而悟道，成为马祖的法嗣弟子。

隐峰禅师还在石头禅师处参学时，曾问石头禅师："学人参禅学道，要如何才能与佛道相契合？"

石头禅师沉默片刻，才淡淡地说："不要说你不相契，我和佛道也不相契合。"

隐峰禅师自出家以来，一心追求入道解脱，没想到石头禅师会如此回答，情急之下又问："老师，您都不契了，我们又怎么能进入呢？"

石头禅师说："寺院不是有三个门吗？既然中门不通，就走边门啊！"

隐峰禅师说："不然！学人入道，不走中门，心不甘愿。"

石头禅师赞许说："这该是了。"

隐峰禅师心若有会。

养心法语

隐峰禅师是一个有神通的人物，他一生灵异的事迹很多，就如在一次两军战争中，他想要止戈息战，当然在两边对立的情况下，哪里会听一个出家人的劝说调停呢？隐峰禅师就将锡杖丢上天空，然后腾身与锡杖对舞，两军讶异不已，忘记了打仗，只有看着他跳舞，因此这一场战争就让他化解了。后来，他赢得一个"邓隐峰飞锡禅师"的称号。

只是禅门不倡导神奇灵异，讲究平常心生活。禅门中，神通自在的禅僧为数虽多，但禅门不重此道，正常来说，隐峰禅师的一生还是以平常心传教呀！

无相道场

宋代的大阳警玄禅师，湖北江夏人，依止江苏金陵崇孝寺的智通和尚出家。十九岁受具足戒，后来游化诸方丛林，在湖南梁山缘观禅师的门下悟道并且得法。

警玄禅师初次到梁山参问缘观禅师时，问道："什么是无相道场？"

缘观禅师不直接回答他，反而指着墙上的观音像说："这幅画是吴处士所画的。"

警玄禅师想再进一步问话，却被缘观禅师立刻打断，逼问他说："这是有相的，哪一个是无相的？快快说来。"

警玄禅师一听，豁然有悟，马上合掌礼拜。

缘观禅师仍不放过警玄禅师，继续追问他说："快，快！说出你所领会的境界。"

警玄禅师泰然自若地回答："老师，您要我说，我也不必推辞，就怕这些东西一旦落入笔墨，就难以洗刷了。"

缘观禅师知道警玄禅师已经悟到有相即无相，便点头印可了他，并且说："你这话可以刻在碑上以示后人了。"

养心法语

佛教里说世间都是对待法，比方：有相、无相，有为、无为、前生、后世、空、有等分别，实际上，用佛教出世法的眼光来看，所有法都是一如也。

有相归无相，无相也从有相来，说空道有，论有谈空，其实空有是一个，不必妄自分别。试问没有空间，怎么建设万有呢？所谓万有，到最后一切的流转也归于无常，大道一以致之，所以我相、人相，皆虚妄也。

痛了自然会放下

声名远扬的红木山清凉寺大法禅师，经常有各地的僧信二众前来问道。无论什么人来提问，大法禅师大部分的回答都是："放下。"

例如，有人问："烦恼很多，如何去除烦恼？"

大法禅师说："放下。"

又有人问："面对人间的欺压、打击、委屈、冤枉，怎么办？"

大法禅师仍然说："要放下。"

这也放下，那也放下，可是大家就是不懂如何放下。

有一天，有一位禅僧前来参问："请问禅师，有病的人能参禅吗？"

大法禅师说："没有什么不可能的，你要放下。"

这位禅僧说："我就是放不下，怎么办呢？"

大法禅师又说："痛了，就能放下了。"

禅僧一听，心中还是犹疑。

大法禅师不再说什么，只是拿起茶壶说："茶杯拿来，我倒茶给你。"

禅师慢慢倒水，滚烫的开水倒在茶杯里，让禅僧几乎拿不住，他口里喊着："太烫了，太烫了！"然后即刻把茶杯朝桌上一放。

大法禅师见状就说："你看！痛了自然就放下了。"

这位禅僧从最初的不服气，到了这时候，心中也不禁佩服，若有所悟。

养心法语 ————————————————

　　世间上的人，放不下的东西太多了，以致负担很多。例如，枷锁般的感情放不下，田园产业放不下，金银财宝放不下，甚至许多的思想、观念也放不下，因为放不下，心上的负荷就很沉重。

　　等于一个人出外旅行，准备了许多行李用物，等到旅行结束回到居家之中，却一直还拿着这许多行李，因为他不肯放下来，当然就成为累赘了。要知道，世间事就好像一个大皮箱，有用的时候要提起，没有用的时候要放下；当提起时提起，当放下时放下，所谓"提放自如"，大法禅师的一句"放下"，真是当头棒喝啊！

家常便饭

有一天，大慧宗杲禅师接到他的老师圜悟克勤禅师圆寂的讣音，于是提起笔来，撰写祭悼文。

当天晚上，大慧禅师与大众小参时，说了这样一个公案：过去有人问长沙景岑禅师，他的老师南泉普愿禅师往生后去哪里？景岑禅师回答："东村作驴，西村作马。"再问到为什么时，景岑禅师说："要骑便骑，要下便下。"

大慧禅师以这个公案来问大众说："如果有人问，圜悟法师迁化后，会到哪里去呢？你们怎么回答？"

大众默然无语，不知如何应答。

过了一会儿，大慧禅师自己回答："堕大阿鼻地狱去。"

现场众僧一脸茫然。

大慧禅师看大家不说话，又自问："到大阿鼻地狱做什么呢？"

众人仍然不知如何回答。

大慧禅师只有自己再回答："饥餐洋铜，渴饮铁汁。"

有一禅僧问："那还有人可救得了他吗？"

大慧禅师说："无人可救得了。"

禅僧大惊："为什么？"

大慧禅师哈哈一笑说："因为这是他的家常便饭，不需要人家去救。"

另外一名禅僧疑惑地问道："他是觉悟的人，怎么会堕到地狱去呢？"

大慧禅师摇摇头，说："'我不入地狱，谁入地狱'，地藏王不到地狱去，哪里有地藏菩萨呢？他不去地狱，我们怎能得度呢？"

养心法语

修行者，有的人希望求生净土，有的人希望来生再做修行者，也有的人发愿堕入地狱，因为他要去救苦救难。就等于现在有一些义工，他们自愿到苦难的地方去救济，好比四川省汶川大地震一发生，全世界的义工蜂拥而至，这不是如地藏菩萨在地狱度生吗？

台湾地区现在有不少的人士听到哪里有苦难，大家就见义勇为前去救济，这就是菩萨的愿力啊！因此，说圜悟禅师堕入地狱，这不是毁谤，实际上也是一种恭敬赞美哦！

救还是不救？

有一天的午斋之后，洞山良价禅师和一位禅僧在林间经行跑香。两个人走到半途的时候，忽然看到路边的一块大石头上，盘卧着一条大蛇，正在悠闲地晒着太阳。

禅僧见状，便以蛇为机锋，向良价禅师问道："请问禅师，如果您看到一条蛇，它正想要吞食青蛙，您救还是不救？"

良价禅师微微一笑，回答他："如果要救，就闭上眼睛；不救，就盯着它看吧！"

禅僧听了，再问良价禅师说："那您刚才有看到石头上的大蛇吗？"

良价禅师淡淡地回应说："看到啦！有一只青蛙给它吃下去了。"

禅僧逼问道："那么，当时您是闭着眼睛呢？还是睁着眼睛呢？"

良价禅师说："我是睁着眼睛看它吃下去，我又闭着眼睛救出来。"

禅僧当下契心，对良价禅师钦佩不已，便对良价禅师说："大德，大德，您真是大德！"

养心法语

在这世间上，众生界都是弱肉强食，很多的动物想生存，要靠残杀才能活下去。慈悲，是让别人生存；残杀，是让自己生存。残杀，要开着眼睛，看着芸芸众生的凄惨；慈悲，要闭着眼睛，所谓"无缘大慈，同体大悲"。所以，洞山良价禅师一反常情地说，开眼看它吃下去，又闭眼救出来，这就是大慈悲啊！真正的洞察世情、怜悯众生，这个还要各自忏悔业报，才能相互生存啊！

瓜洲卖瓜汉

有一次，浙江的法宝禅师来到江苏的瓜洲参学。瓜洲，位于长江的出口处，是过去苏东坡曾经做官的地方，在历史上可谓名闻遐迩。

瓜洲大明寺的大通禅师看到法宝禅师来了，就问他说："你来此何为？"

法宝禅师自信满满地说："我特地到瓜洲来买瓜。"

可是大通禅师却不以为然地摇摇头，说："你何必千里迢迢来到此处买瓜，现在瓜洲没有瓜了，怎么办呢？"

法宝禅师对大通禅师说："咦！这么偌大的瓜洲，怎么会没有瓜呢？那你是干什么的呢？"

只见大通禅师胸有成竹地说："瓜洲的瓜全都给我吃了，不能分给你了！"

法宝禅师一听，知道大通禅师的境界高明，即刻向他礼拜，表示对大通禅师的尊敬。

养心法语 ——————————————————

瓜，不管在全世界哪里都有，有所谓的西瓜、南瓜、冬瓜、哈蜜瓜、香瓜、木瓜、黄瓜等等，因此大通禅师才会问法宝禅师，何必到我瓜洲来买瓜呢？既然到了瓜洲，你还不认识瓜洲吗？这就等于唐朝的时候，德山宣鉴禅师去参访龙潭崇信禅师时说，既不见龙，也不见潭；龙潭崇信禅师则告诉德山宣鉴禅师，你已到了龙潭。

所以，你人到了瓜洲，却还不认识瓜洲，这就是表示自己的无知。你想要买瓜吗？大通禅师只有说，瓜在我的肚里，意思是法全在我的心中，而你名叫法宝，但还没有见到法，实在未通佛法也！

日影透窗

有一个寒冷的冬天，百丈惟政禅师在屋内就着窗子晒太阳。窗上只有一张薄薄的纸糊着，与外面隔起来。

一个老人走到禅师的身边，问惟政禅师："禅师，您在做什么啊？"

惟政禅师漫不经心地说："我在晒太阳啊！"

这位老人家就问："这个太阳究竟是在里面，还是在外面呢？"

惟政禅师一听，知道遇到高手了，他不慌不忙地微微一笑，说："老人家，太阳不在里面，也不在外面，就在这里啊！"

这位老人家听了以后，喃喃自语说："就在这里！就在这里！你晒太阳吧！"

惟政禅师继续说："老人家，我们一起晒太阳吧！"

老人家说："你不是我，我不是你，怎么能够一起晒太阳呢？"

惟政禅师说："身心都是一个，哪里还要分彼此呢？"

老人家一听到禅师这么说，立刻就坐了下来，两个人一起享受冬日午后的太阳。

养心法语

人都习惯把世间事分成两部分。好比一个人在大门外，门内的人就说："你不要站在门外，你到门里来。"这个人进了门里，在院子里站定，客厅里的人又说："你不要站在客厅外，你到客厅里面来啊！"等到这个人又进到了大厅，房间里的人又说："你不要站在房外，你到房里来啊！"

究竟哪里是内，哪里是外呢？都是因为分别比较才有内外的。日影透窗，本来没有分别，现在话题说了内外，就有了分别。惟政禅师到底是禅门的高手，一句"内外就在这里"，就消除了对立、消除了隔阂。

就如同身心一致，没有对待，没有隔阂，那又是一个什么境界呢？

卷二

禅，只是生活的艺术、生活的美感；有了禅，吃饭的味道就和别人不一样；有了禅，睡觉的感受就和别人不一样。

慧可安心

西天的佛教第二十八祖达摩祖师，在梁武帝的时候来到中国，是为中国禅宗初祖。因为和梁武帝思想不能相契，因此到河南嵩山少室峰去面壁，在那里一面壁就是九年。这期间，有一位青年叫作慧可，来参拜达摩祖师，请问佛法。

那一天正是寒冷的严冬，大雪飘飘，慧可立在达摩祖师的座前。皑皑积雪已经高过他的膝盖了，达摩祖师还是闭目不语，慧可仍然耐心地等着。又经过了很久，达摩祖师终于睁开眼睛问道："你老是站在这里做什么呢？"

慧可回答道："弟子想来求祖师开示佛法。"

达摩祖师听后就回答道："诸佛求道，为法忘躯，你用怠慢之心怎么可能求得无上的大法呢？"

慧可一听此话，就用身边的戒刀把一只手臂砍断，再把断臂呈给达摩祖师说："弟子以此诚心乞求祖师开示。"

达摩祖师知道慧可是可造之材，就说："你断臂求道究竟求什么道？"

慧可禅师就回答道："弟子心不安，求祖师为我安心。"达摩祖师大声喝道："把心拿来，我为你安心。"

慧可一听愕然，说道："弟子找不到心。"

达摩祖师微笑着说："我已经为你将心安好了。"慧可禅师至此终于豁然大悟。

养心法语

我们的烦恼本空，罪业本无自性，如果认识自心寂灭，没有妄想动念之处，就是正觉，就是佛道。如果能保持一颗平实不乱的真心，佛性当下就会显现。如何安心？要自己安心；如何解脱？要自己解脱。没有谁来束缚我们，何必要另外自寻烦恼呢？

一无所求

浙江省奉化市有一座很有名的古刹，叫雪窦寺，宋朝雪窦重显禅师曾在此住持。

雪窦禅师早年经常出外行脚参访，有一次在途中遇到学士曾会先生。曾会问他："禅师，您打算到哪里去？"

雪窦禅师很有礼貌地回答："不一定，也许往钱塘，也许往天台去看看。"

曾会就建议说："灵隐寺的住持珊禅师跟我是好朋友，我写封介绍信给您带去，他定会好好待您。"可是雪窦禅师到了灵隐寺之后，并没有把介绍信拿出来求见住持，一直陆沉在大众中过了三年。

曾会也在三年后奉令出使浙江，就到灵隐寺拜访老朋友珊禅师，顺便探视雪窦禅师，可是寺中大众都不知道有这么一个人。曾会不相信，就亲自到云水僧所住的僧房寻找，终于在一千多位僧众中找到了雪窦禅师。

曾会问雪窦禅师："你为什么到了灵隐寺却不去见住持？是不是我为你写的介绍信弄丢了？"

雪窦禅师答道："我是个一无所求的云水僧，所以不替你送信！"说着就从袖子里拿出那封介绍信，原封不动地还给曾会，双方都哈哈大笑。

曾会将雪窦禅师引见给住持珊禅师，珊禅师很爱惜这个人才，后来苏州翠峰寺缺住持，珊禅师就推荐雪窦禅师出任。

养心法语 ————————————

今日社会上为求职小事，经常攀亲带故，请托之风，比比皆是，如雪窦禅师般，虽有晋升之阶，但弃而不用者有几人？吾人若能精勤修学，一旦瓜熟蒂落，龙天自会推出，此即"不患无位，患所以立"耳。

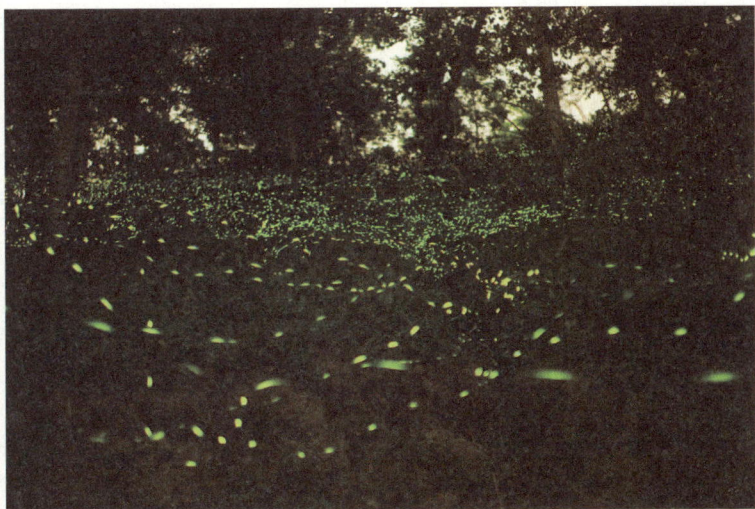

一个人的成就，在于日积月累；
一个人的成功，在于坚毅不拔。

西来意

　　龙牙居遁禅师在翠微无学禅师处参学的时候，有一天请示无学禅师说："什么是祖师的西来意？"无学禅师不答，叫他把香板拿来。龙牙禅师把香板拿给无学禅师后，无学禅师拿起香板就朝龙牙禅师打去。

　　"老师，您拿香板打我没有关系，但总要告诉我什么是祖师的西来意啊？"

　　无学禅师回答："刚才的香板难道没有告诉你西来意的消息吗？"

　　后来，龙牙禅师到临济义玄禅师那里参学，又再次问道："如何是祖师的西来意？"

　　临济禅师听了以后，叫他去拿一个蒲团过来。龙牙禅师将蒲团交到临济禅师手中，临济禅师顺手就把蒲团往龙牙禅师身上打去。

　　"老师，您别急着打我，您还没有告诉我，什么是祖师的西来意啊？"

临济禅师说："蒲团难道没有告诉你祖师西来意的道理吗？"

后来，龙牙禅师经过了多年的参学研究，终于悟出香板和蒲团的西来意了。

养心法语

禅宗常用法器或法物来象征禅道；传衣、传钵，就是用衣钵来代表禅法。以香板打人，就是将禅交给你担当；蒲团是礼拜之物，作为凡心与佛接心之用，以蒲团打你，就是让你借此接触佛心。所以，香板也好，蒲团也好，都可以传递"西来意"。

但是，真正要从香板和蒲团中懂得西来意，却须要长年累月的参究。没有参究，香板蒲团打得再多，也是不能开悟的。

一得一失

有一天，南泉普愿禅师和一位学僧、一位侍者在一起，由于前一天夜里有风，便问学僧："夜来好风？"

学僧回答："夜来好风。"

因为风把一棵松树吹断了，所以南泉禅师接着又说："吹折门前一棵松。"

学僧也说："吹折门前一棵松。"

此时，南泉禅师再以同样的问题，转身问旁边的侍者："夜来好风？"

侍者反问："是什么风？"

南泉禅师："吹折门前一棵松。"

侍者又问："是什么松？"

南泉禅师听了二人不同的回答，深有感触，不禁慨叹："一得一失。"南泉禅师又问侍立在一旁的学僧："你将来要做什么？"

学僧答："不做什么！"

南泉禅师道："你应该要为众生做马牛，就像沩山灵祐禅师，他愿意来生做一头水牯牛，为众生服务。禅者应发下普利人天的心愿：不为自己求安乐，只愿众生得离苦。"

学僧听了老师的话，赶忙答道："愿为众生做马牛。"

南泉禅师转身问侍者道："你将来要做什么呢？"

侍者答："我要做像老师这样的人物。"

南泉禅师不客气地说："你也应该要为众生做马牛。"

侍者抗议："为什么我要为众生做马牛？"

南泉禅师看着这两个人，再一次慨叹地说："一得一失。"

养心法语 ————————————————

南泉禅师以"一得一失"道出对学僧的赞美及对侍者的失望。这位学僧，是入门的学僧，可说已领略禅的旨意；那位侍者，黏着知见，所以无法与禅意相通，还是禅门外的侍者。

云门展手

某天，有一位学僧前来向云门文偃禅师参问。

云门禅师就问这位学僧说："你从何处来？"

学僧回答道："老师，学人从苏州西山禅师处来。"

云门禅师点点头，然后又问："那么，苏州西山禅师近来都教导些什么禅法呢？"

学僧没有直接回答云门禅师的问话，只是将两手展开来。

云门禅师见状，立刻一拳朝着学僧打了过去。

学僧吓了一大跳，连忙说："老师，我有话要说！"

云门禅师闻言，便将两手展开。

学僧看了不禁一愣，说不出话来，不知道该如何回应。

此时，云门禅师又挥出一拳，顺便把学僧赶了出去。

养心法语 ————————————————

参禅的最终目的，还是在于明心见性，所以光只是口头言说、钻研公案或是身体枯坐，这都已经流于禅病了。甚至，有些人自己不懂得禅法，也没有什么真参实学，可是学了几句禅门的术语之后，便如鹦鹉学话一般，到处炫耀，这不过是"鹦鹉禅"罢了，对于开悟见性并没有什么用处。

学僧对于云门禅师的问话，以两手展开来回答，在云门禅师的眼里，一看就是鹦鹉学语，并无自己的见地。禅的领会必须出于实修实证，这是自己假装不了，别人也帮不上忙的。习禅的人想要领悟禅机，平时的应对要讲禅话、来往要听禅音、工作要做禅事、修行要用禅心，单凭模仿他人的一招一式或一言一语，那是骗不了明眼人的。

佛法真髓

　　益州（今四川一带）的大随法真禅师是唐末五代时的僧人，在很年轻的时候就已经有所悟道了，即使如此，他仍然四处行脚，参访许多的善知识，诸如道吾圆智、云岩昙晟、洞山良价等禅师。

　　后来，他在沩山灵祐禅师座下学习禅法，苦行数年，每天食不至饱，卧不求暖，经年累月的精进修持，不敢稍有懈怠，沩山禅师因此十分器重他。

　　有一天，沩山禅师对法真禅师说："你在我座下参禅多时，为什么都不向我问法呢？"

　　法真禅师慧诘一笑，问道："老师，您要我从何问起？"

　　"你为什么不问'什么是佛？'"

　　法真禅师马上做出捂住沩山禅师嘴巴的手势。

　　沩山禅师大为欢喜，不禁赞叹他说："你确实已得到佛法的真髓！"

养心法语 ——————————————————

真正的佛法宝藏，不在于经论，不在于口授，而在于悟到自己的真如本性。禅，是佛心、是本性，是亲证的体会，故非口耳传授就能得到真髓。然而，要怎么参禅？怎么开悟？怎么成佛？这全是自家事，要想识得娘生面，悟得圣凡同体，修行功夫得扎实做好，如铁杵磨成绣花针，具足因缘，自然能够证悟。

不知"从何问起"，表示法真禅师已心无所惑，他捂住沩山禅师的嘴巴，是告知世人，佛之一字岂是言语所能道尽的？当然，大彻大悟不是件容易的事，但只要每天有一点小小的觉悟，日积月累，自然会有豁然大悟的一天。

荣枯一如

有一天，药山惟俨禅师在树底下打坐，他的两位弟子也跟随在师父的身旁一起打坐，分别是云岩昙晟禅师和道吾圆智禅师。

三人禅坐了一段时间之后，惟俨禅师忽然指着邻近的两棵树，说："这一棵树长得多么茂盛，可是另外一棵树却干枯了。"

然后惟俨禅师转过头来，看着道吾禅师，问他说："这两棵树，是荣的好，还是枯的好？"

道吾禅师毫不思索地回答："荣的好！"

惟俨禅师又再问云岩禅师，云岩禅师却回答："枯的好！"

这时候，有一位姓高的侍者正好走了过来，药山禅师也用同样的问题问他，侍者回答道："枯的由它枯，荣的任它荣。"

养心法语 ————————————

　　同样一个问题，却有三种截然不同的回答：道吾禅师说荣的好，表示道吾的性格热忱、进取、奋发有为；云岩禅师说枯的好，表示云岩的个性淡泊、寂静；侍者说枯的由他枯，荣的任他荣，这是顺应自然，各有因缘，一切由它。所以，有一首诗说："云岩寂寂无窠臼，灿烂宗风是道吾。深信高禅知此意，闲行闲坐任荣枯。"显现了他们三人修道的方法各具特色。

　　世间上的每一个人，都各有各的性格，有的人进取，有的人保守，有的人则是顺乎自然。不管怎么样，在禅的意识中，大家互相尊重、互相包容、互相调和、互相平衡，这就是禅心了。

无住而住

药山惟俨禅师在江西马祖道一禅师处随侍了三年。有一天，马祖就问惟俨禅师说："近日以来，你有什么心得，说来听听吧！"

惟俨禅师回答："皮肤脱落尽，唯有一真实。"

马祖听了惟俨禅师这样的体悟，感到非常的安慰，便称赞他说："你的见解可说已经完全深契禅心，所以，今后你可以随处住山去了。"

惟俨禅师一听，连称不敢，并说："学人福德浅薄，岂敢妄言住山做方丈。"

马祖便说："不是这样子的！人生没有常行而不住，也没有常住而不行的。如果想益于无所益，为于无所为，就更应该发心做普度众生的慈航。所以，你不可在此继续久住，应该随处去住山利众才是。"于是，惟俨禅师便向马祖辞别他去。

养心法语

　　禅心，是每个人都需要的，所以禅具有人间性。禅者不逃避人间，因此，马祖才会鼓励惟俨禅师要做普度众生的慈航，因为禅者是活跃在社会的每个阶层，福利大众，服务社会的。

　　所谓"欲做佛门龙象，先做众生马牛"，人活在世界上要有使命感，不论是出家僧众或者是在家居士，都应该肩负起弘法利生的责任。即使悟道之后，也应以无住而住的心，随缘度众，不宜安居于一处，要使法水长流，让佛法圣教传扬开来，这是身为佛子的责任使命！

十事开示

有一位学僧问寂室禅师说："请问老师，在禅门中，应该具备些什么条件，才能进入禅道？"

寂室禅师回答："狮子窟中无异兽，象王行处绝狐踪。"

学僧又问："参禅不参禅有什么不同？"

寂室禅师回答："生死路头君自看，活人全在死人中。"

学僧再问："学禅究有何益？"

寂室禅师回答："勿嫌冷淡无滋味，一饱能消万劫灾。"

学僧听后，对参禅大生信心。有一天，这位学僧领导同参好友数十人，跪求寂室禅师开示参禅法要，寂室禅师见大众心诚，就以十事开示大众：

"禅应该怎么学法？必须要注意下列十件事：

第一，须知生死事大，无常迅速，须臾不可忘失正念。

第二，须于行住坐卧，检束身心，任何时刻，不犯律仪。

第三，须能不执空见，不夸自我，精进勇敢，不堕邪见。

第四，须摄六根正念，语默动静，远离妄想，抛开烦恼。

第五，须有求道热忱，灵明不昧，魔外窟中施于教化。

第六，须能废寝忘食，壁立万仞，竖起脊梁，勇往向前。

第七，须究西来佛意，明白念佛是谁，那个是我本来面目。

第八，须参话头禅心，工夫要绵密不断，不求速成，任重道远。

第九，须要宁不出头，能经万劫，不生二念，绍隆如来。

第十，须能不退大心，洞然菩提，兴隆佛法，续佛慧命。

以上十事，诸仁者不知能会否？"

众学僧听后，欢喜踊跃，无不誓愿奉行。

养心法语 ────────────────

寂室禅师的十事开示，岂止是参禅者的座右铭，修持任何法门者也应当奉持，就算是从事各种事业的人，也能有所助益！

一袭衲衣

　　无果禅师一心参禅，在山谷中幽居二十多年，都是由一对母女供应衣食。

　　由于他一直没能明心见性，深怕信徒的布施难消，于是想出山寻师访道，探究生从何来，死去何处。

　　那对护法的母女听说禅师要出远门，要求他多留几天，以便做一件衲衣相送。

　　母女两人回家以后，马上就着手剪裁衣服，每缝一针，就念一句阿弥陀佛的圣号。衣服缝制完毕，又包了四锭马蹄银送给无果禅师作路费。无果禅师接受了母女两人的好意，准备第二天动身下山。

　　当天夜里，无果禅师正在坐禅养息的时候，忽然有一位手执旗子的青衣童子，身后还有许多人吹鼓奏乐而来，其中还有人扛了一朵很大的莲花请禅师登座，禅师恐怕这是魔境，所以不予理会。

青衣童子再三劝请，无果禅师都不动心，他随手拿了一把引磬插在莲花台上，童子与诸人只好鼓吹而去。

第二天一早，禅师正要动身，母女两人手中拿了一把引磬前来询问："这把引磬不是禅师您的东西吗？昨夜我家的母马生了个死胎，死胎上就插着这把引磬。您的东西怎么会从马腹中生出来呢？"

无果禅师一听，大惊失色，就说了一首偈语：

一袭衲衣一张皮，四锭元宝四个蹄。

若非老僧定力深，几与汝家作马儿。

说罢，将衣服银子还给母女两人，一别而去。

养心法语 ————————————

佛教的因果业缘，实在是难以思议的真理，即使悟道，若无修证，生死轮回，仍难免除，观夫无果禅师，可不慎哉？

听不懂

　　王辅益是个发心的信徒，除了工作以外，只要有空就往东禅寺里跑，常常帮园头师种菜浇水，要不就帮典座师劈柴煮饭。如果遇到无名禅师对信徒说法，或与学僧小参开示时，他总是聚精会神地用心听讲。

　　有一次，王辅益在禅堂外静静地望着学僧们，个个眼观鼻、鼻观心的禅姿，不禁长长地叹了一口气。

　　刚巧，无名禅师从他身边经过，就问：“你为什么叹气呢？”

　　王辅益又深深叹了一口气。

　　无名禅师再问：“平常你发心帮忙寺内的工作，听闻佛法也非常用心，可以说身、口、意都在法海里遨游，为什么要叹气呢？”

　　王辅益回答：“不瞒禅师，我的烦恼是因为我听不懂禅师您对学僧们开示的佛法，例如祖师西来意、狗子有佛性否、即心即佛、如何是宗门中事、如何是佛、如何是本来面目、道在何处……每当我听到这些佛法时，就好像雾里看花，不知所云。禅师！为什么我这么用心听讲，还是听不懂呢？"

无名禅师说："以前德山禅师见学僧入门便棒，临济禅师见学僧入门便喝，雪峰禅师见学僧入门便道'是什么'，睦州禅师见学僧入门便道'现成公案，放汝三十棒'。历代祖师大德有的尽其一生参究一个公案，尚且不能开悟，可见学禅必须用心去参，而不是用听的。"

王辅益还是不了解，又问："那如何去参呢？"

无名禅师说："就参这个听不懂！"

王辅益至此，若有所悟。

养心法语 ————————————————

参禅，要参话头，这是不得已的方法，因为总要借助一种标示，集中自己的精神，统一自己的意志，主要就是不让你胡思乱想。禅师们所提的话头，如西

154

来意、本来面目、庭前柏子树等，本来就不是易懂的问题，但参究下去，这些话头像一把钥匙，会开启人生和宇宙的奥秘之门，无名禅师要人参"听不懂"，不亦宜乎！

去吧，去吧！

唐朝中叶，在福建省的福州，有一位不到二十岁的年轻姑娘，名叫郑十三娘。虽然她的年纪很轻，但是对于禅法的领悟却非常深入，不论机锋或应对，和禅师毫不稍让。

有一天，郑十三娘和一位年老的信徒，两个人共同去参访长庆大安禅师。这位大安禅师早年于湖南长沙的沩山，协助沩山灵祐禅师开山，晚年回到福建驻锡于怡山禅院。

当时，大安禅师正在佛殿内礼拜，见到有一老一少的两位女性走进来，就问道："两位从哪里来？"

那位年老的婆婆即刻回答道："我们是从福州的南台江边来的。"

大安禅师问了之后，再无别话，只是说："去吧，去吧！"

老婆婆一听，瞠目结舌，不知所以地退到一旁。

可是郑十三娘闻言，反而走向前，合掌站立。

老婆婆不解，就拉住郑十三娘的手说："那我们走吧。"

郑十三娘对老婆婆说："禅师正在说法，稍安勿躁。"说后，便转向大安禅师顶礼。

大安禅师说："你懂得佛法，去吧，去吧！"

于是，郑十三娘和老婆婆便作礼而退。

养心法语 ——————————

大安禅师对老婆婆讲"去吧，去吧"，意思是说你不懂佛法，来此做什么，只有说："去吧！"后来，又对郑十三娘讲"去吧，去吧"是表示你懂得佛法，你也可以"去吧，去吧"！

大安禅师前后两次都说"去吧，去吧"，可是却有不同的意义。一个是：你不懂佛法，留在此间，有何意义？一个则是：你懂佛法，何不他去，留在这里，又有何干？

所以，老婆婆听到"去吧，去吧"，非常讶异；郑十三娘听了则心领神会，当然作礼而去了。

即时醒觉

宋朝的南堂元静禅师，是四川玉山人，为临济宗杨岐派僧人，五祖法演禅师的法嗣。他十岁的时候，因为生病的因缘，而后立志出家，跟随成都宗裔禅师学习。

某天，有一位莫将居士前去拜访元静禅师，向他请问禅法、心要。这位莫将居士，是宋代的名臣，字少虚，谱名文砚，江西省修水县漫江人，他因为在西蜀任官，就去拜访在四川弘法的元静禅师。

元静禅师与莫将居士二人边走边谈禅论道，元静禅师开示："要多往好处想……"这时，两个人刚好走过厕所边，莫将闻到阵阵的秽气，赶忙用手捂住鼻子、嘴巴，还露出一副嫌恶的表情。

这个心念、动作才一生起，莫将居士心中久存的迷雾，与禅师刚才的对话，一时风起云涌，刹那间，他即刻有所省悟，赶快把手拿下来，作了一首偈语，表达心中的万千感慨：

> 从来姿韵爱风流，几笑时人向外求，
> 万别千差无觅处，得来原在鼻尖头。

元静禅师听了大笑不已，也作了一首偈子回应他：

> 一法才通法法周，纵横妙用更何求？
> 青蛇出匣魔军伏，碧眼胡僧笑点头。

养心法语

　　所谓"心净则国土净"，往好处想，世界便非常美丽，这也就是为心地开光；不往好处想，心中的烦恼无明，就如满地的荆棘刀山，使人无处下脚。文远禅师可以在大便中乘凉，莫将居士却嫌弃厕所的秽气难闻，可见其道行不足，不能将秽土转为净土，好在他即时警觉，便以一首诗偈向元静禅师表达了悟境。

　　能够即时醒觉，也是禅门非常重要的修学方法啊！

一同埋葬

禅门里的教育，很重视直指人心，见性成佛，所以从禅师们的语默动静中，随处可见禅的大机大用。例如，过去仰山慧寂禅师就曾赞叹创建丛林道场的马祖道一禅师，在他的门下"百丈得大机，黄檗得大用"，说的就是百丈怀海及黄檗希运禅师二人在禅法教育下，呈现出不同的独特风格。

百丈禅师在马祖门下得法之后，在江西的百丈山建立禅寺，领众修持，实行"一日不作，一日不食"的农禅生活。

有一天，有位年轻的禅僧哭着走进僧堂里，百丈禅师看见了，关心地问："怎么了？什么事让你哭得这么伤心？"

禅僧边擦眼泪，边说："我的父母都去世了，请求师父慈悲，为我父母选一个安葬的日期。"

百丈禅师看着他，淡淡地说："好啦，好啦，你先回家去，明天再来订日期吧！"

年轻的禅僧不解地问："为什么要这么麻烦，必须等到明天专程跑一趟，才来订日期呢？"

百丈禅师说："是的，明天再告诉你日期，然后连你也一同埋葬，今天就姑且让你多活一日吧！"

年轻的禅僧听了以后，对于自己计较执著于看时辰地理的这种心态，终于有所省悟。

养心法语

一般人对于父母亡故，都要看时辰来安葬，但这在佛教里，是没有一定的，只要大家方便就好。佛教主张"日日是好日"，所以不必看时辰，更毋须看风水，因为"处处是好地"。只要心正，任何时空都是一样的。

文中的这一位青年学僧虽然已经出家，可惜还是存有世俗之见，为着时辰地理在计较。因此，百丈禅师给他一个当头棒喝，也是很大的启发喔！

大鼓穿皮衣

一休宗纯禅师还是沙弥的时候，常有一位卖酱油的信徒铃木先生，三天两头就来找住持老禅师下围棋，可是棋局一战，往往要到三更半夜才能罢休。长久下来，不仅老禅师得陪着信徒而迟睡，寺里的沙弥们也要等候客去关灯、关门，也不得不跟着晚睡，每每为了第二天还要早起做早课而苦恼不已。

沙弥们几次希望客人能自知进退，但总不得办法，只好向老禅师说："老师父，您太辛苦了，可以不要下棋下得那么晚嘛！"

老禅师无奈地说："我也没有办法，来者是客，总不能得罪檀越啊！"

沙弥说："好，那弟子来想办法。"

沙弥们把一休沙弥找来，说："师兄，你也看到了，老禅师无法拒绝信徒来下围棋，我们也跟着拖累，这样大家都无法睡眠，你可以想想办法婉拒他吗？"

一休沙弥说："谁啊？"

沙弥说："就是那位穿皮袄背心的铃木先生啊！"

一休沙弥说："那好，我有办法。"

第二天黄昏，铃木先生在雪花飘飘中果然来了。他走近大门一看，原来一休沙弥在寺门口贴了一张大字报："穿皮袄者，禁止进入。"

铃木先生无视大字报，一样大摇大摆地走进去。

一休沙弥向他行礼，拦下他说："施主，请问您没看到门口的告示吗？"

铃木先生说："看到了呀！"

一休沙弥指着他的皮袄说："本寺为了护生，很抱歉，不能让您进来！"

铃木先生知道一休沙弥伶俐聪明，反问道："咦？寺院里的大鼓不也是穿皮衣吗？这都可以供在佛殿里，为什么我不能进来？"

铃木先生为自己的智慧巧妙沾沾自喜，心里暗地想："想唬我？没那么容易呢！"一面大步往里面走。

一休沙弥赶紧挡在他面前，说："铃木先生，您说的没错，那现在正是晨钟暮鼓的时刻，我们就把您当作鼓一样来敲打喔！"说完，沙弥们作势拿起木棒要向他打去，铃木先生才发现自己上当了，赶快落荒而逃。

养心法语

日本的一休宗纯禅师是十四世纪时人，年幼时就是一个很有智慧的沙弥，至今仍然留传很多关于他的行事。上面所述，虽然是一休沙弥的调皮恶作剧，不过，却解决了同道侍者的苦恼，也解除老禅师难以拒绝的尴尬。

禅门不正面说教，它让你自己经历，就如同要你"寒冬吃冰棒，点滴在心头"，一切事自我领会，怪不得别人，这就是禅意了。

以空慧修道，以慈悲进德，
以忍辱养力，以布施修福。

狗是谁？

　　印度龙树菩萨的弟子提婆尊者，是三世纪时南印度人。当时，有婆罗门教想要消灭佛教，有一名外道要胁国王，可是国王一直难以下定决心，便告诉外道，若想毁灭佛法，总要有个理由。外道说："我可以与佛教的人来辩论，如果佛教能辩赢，就让佛教继续，如果佛教不能应对，要它何用？"

　　辩论牌示挂出来以后，佛教都无人出面。因为这位外道，数十年来所向无敌，没有一个人是他辩论的对手，再加上辩输者必须割下舌头，因此没人敢来与之应对。后来，南印度的提婆尊者听闻此事，便前来应战。

　　论辩一开始，外道就问提婆说："你是谁？"

　　提婆尊者答："我是天。"因为"提婆"之名，在梵文里就是"天"的意思。

外道就问：“天是谁？”

提婆回答：“我。”

外道追问：“我是谁？”

提婆答：“狗。”

外道再问：“狗是谁？”

提婆答：“你。”

外道紧接着又问：“你是谁？”

提婆答：“天。”

外道至此忽然感到大事不妙，因为不知不觉中，已落入提婆言语上的圈套，不管再怎么问，都是如此的循环法，自己也超脱不出来，最后只得表示认输。

提婆就说，佛法慈悲，法理互通，不必彼此争论胜败，也不必割舌谢罪，只要服从真理，就会通达。因此，外道也心悦降伏地顶礼感谢。

养心法语

在印度的社会，自古以来辩论的风气就非常兴盛，到现今还流行着辩论，例如西藏佛教的辩经就是受此影响。佛教的经律论,像唯识、中观等,立论之后,也都要经过相互的论辩,才有所成就。所以,佛教史上出现了好多论师,如龙树、提婆、无著、世亲等。

　　据闻玄奘大师至印度参学时,听到上述的这一段辩论往事,也不禁赞叹,古代论师辩论的智慧,确实是高人一等啊!

是你的话多

日本京都相国寺的住持独山玄义禅师，年轻的时候曾经跟一位名画家富冈铁斋学画。有一次，他的作品受邀到某寺展览，寺院的住持和尚问他说："年轻人，你画得很不错，不过，你知道你在画什么吗？你知道是什么在画吗？"

独山玄义听了心中一震："对呀！我怎么从来没想过这个问题呢？不是笔在画，也不是手在画，更不是身体在画，难道是心在画吗？那么，这个心是什么呢？究竟是什么在画呢？"

他回去之后，很沮丧地将这件事告诉他的绘画老师。

富冈铁斋听了微微一笑，介绍他去请教天龙寺的峨山昌祯禅师。

独山玄义向峨山禅师说明来意后，峨山禅师告诉他说："这个道理别人无法告诉你，你要自己亲自懂得才算数。"

独山玄义问："那么，要怎么做才能懂呢？"

峨山禅师说："你必须禅坐。"

为了参究"什么在画"，独山玄义放下自己喜爱的书画，在天龙寺待了十年。一直到担任住持之后，才又开始重拾画笔。

有一次，独山玄义随同老师峨山禅师到东京的信徒家拜访。他进到客厅，一眼看到墙上的画，顾不得画师在旁边，便上前批论说："画得不错，可惜笔画多了一点。"

峨山禅师听了，马上喝斥独山玄义："笔画不多，是你的话多。"

独山玄义闻言，豁然醒悟。

养心法语 ————————————————

禅宗经常参"念佛是谁？""谁在念佛？"这确实是个问题。我们每天吃饭、喝茶，谁在吃饭？谁在喝茶？你说，我在吃饭、我在喝茶，"我"又是什么呢？哪里是"我"？嘴巴是我吗？那眼睛、耳朵又是谁的呢？头是我的，那手、脚又是谁的呢？就算你说统统都是我的，但这个整体有时候你也会分割：我肚子饿、我口里渴、我现在手脚无力疲倦，好像整体的毛病又是很多的。

画多？画少？谁在画？画谁？假如都不在意、不分别，还是悠悠十年，这么安闲自在不就得了吗？

佛佛道同

唐朝时，仰山慧寂禅师在沩山灵祐禅师的道场悟道后，一住十五年，并且受沩山禅师的印可，宣扬教法。师徒两人倡导的禅风独树一格，成为禅门五家七派之"沩仰宗"。

有一天，沩山禅师与仰山慧寂、香严智闲两位弟子同行，沩山禅师开口说："过去现在未来，三世诸佛的道法都是相同的，人人都有解脱的门径。"

仰山慧寂听了便问："既然如此，那么，什么是人人解脱的门径呢？"

沩山禅师并不直接回答，而是回过头问香严智闲说："仰山的提问，你认为应该怎么说呢？"

香严智闲说："如果说到过去现在未来三世，我倒有一个答案。"

沩山禅师点点头，问："你怎么说？"

香严智闲不再言语，站起来问讯便走了出去。

沩山禅师又转头问仰山慧寂："香严的回答你满意吗？"

仰山慧寂回答："不满意。尽管人人解脱的门径不同，一旦悟道，不就相同了吗？"

沩山禅师又问："那么你要如何解答？"

仰山慧寂也是站起来一问讯，就走出去了。

沩山禅师看到自己两名弟子的回答后，哈哈大笑，说："正是，正是！这不就是佛佛道同吗？"

养心法语

这一则"佛佛道同"的公案中，老师问什么是佛佛道同？两个弟子用走出去作为答案，耐人寻思。所谓"走出去"，就是不要落于窠臼，不要说你的就是我的，我的就是你的。虽然是佛佛道同，但走出去还是有远近，还是有先后；等于灯光，灯灯相映，互不妨碍，那不就是佛佛道同了吗？

174

陇西鹦鹉

唐朝的虎溪庵主，生平事迹不详，只知为临济义玄禅师之法嗣弟子。

有一天，来了一位年轻的禅僧，他问虎溪庵主："请问和尚是什么地方的人士？"

虎溪庵主淡淡地回答道："陇西（今甘肃）人。"

禅僧又问："听说陇西出产鹦鹉，真的有这么一回事吗？"

虎溪庵主说："是的。"

年轻的禅僧看虎溪庵主有问必答，不由得生起轻慢之心，故意说："鹦鹉禅，和尚会吗？"所谓的"鹦鹉禅"是指，所言不是自己亲证，只是拾取古人的言词，有如鹦鹉学语。

虎溪庵主听了既不生气，也不辩解，当场学鹦鹉飞行。

禅僧哈哈大笑，语带嘲讽地说："好一只鹦鹉！"

于是，虎溪庵主又学鹦鹉叫了数声"呱呱、呱呱"。

顿时，禅僧从叫声里听出了庵主的慈悲、智慧，不禁心生惭愧，这才知道庵主的功行不简单，当下顶礼谢罪。

虎溪庵主问禅僧说："有悟吗？"

禅僧低头无语。

养心法语 ───────────────

一个学养不足的人，听到人家对他有一点歧视，就忍耐不住，立刻就给对方反攻回去。而真正有修养的人，你给他嘲笑，你给他轻视，他一点都不介意。就例如《四十二章经》里云："仰天吐唾，唾不至天，还堕己面；逆风扬尘，尘不至彼，还坌己身。"年轻的禅僧，不知他遇到的是高人；虎溪庵主也将计就计，你说鹦鹉，他就飞翔；你来赞美，他就大叫，这还不够引导你触动另外的心吗？

如何画僧？

潭州（今湖南长沙）的潭州文殊禅师，是唐朝时石霜庆诸禅师的法嗣弟子。

有一次，一位年轻的僧人前来向文殊禅师问道："请问禅师，南朝梁武帝时，有一位著名的画家张僧繇，擅长人物描写。梁武帝修建佛寺时，曾经多次请他来绘制佛教人物，这些人物在他的笔下无不惟妙惟肖，栩栩如生。但是奇特的是，他唯独不能将宝志公和尚的相貌画得生动逼真，这到底是为什么呢？"

文殊禅师说："不但是张僧繇，即使是宝志公禅师本人，也不能把自己的相貌画得很像。"

僧人一听，不解地问道："这是为什么呢？"

文殊禅师说："因为他没有把色彩和绢帛带来。"

僧人想了想，反问道："那么禅师，您能把自己画得像吗？"

文殊禅师微微一笑，很肯定地回答道："我能画得像。"

僧人再问："为什么他们不能画得像，而您却能画得像呢？"

文殊禅师谦谦地说："因为我们不同。"

养心法语 ————————

人心不同，各如其面。面，可以画成一样，但心能画成一样吗？因为心画不起来啊！佛性真如人人本具，个个不无，原是都一样。但是，你要来画它，就千难万难了。所以，相与性，是不同的；相可以画，本性不可画啊！因此，文殊禅师才说"我们不同"，禅师用"我们不同"来说明，这正是最好的形容啊！

已经说过了

广州的光圣师护禅师，闽越（今属福建）人，是宋朝时候的禅僧，为天台山德韶国师的法嗣弟子。

有一天，一位初参的学僧来到了法堂，他向光圣禅师叩问道："学人初入丛林，请求老师指点禅法心要。"

光圣禅师默然看着这位学僧一会儿，然后微微一笑，说："哎呀，你来得太迟了！这个问题在你还没有来以前，我早就已经告诉别人了。"

学僧闻言，心中不解，只好硬着头皮再问道："弟子愚钝，望请老师不吝慈悲，再为弟子说一遍，好吗？"

光圣禅师摇摇头，说："那就要等到老僧有闲情逸致的时候了。"

学僧一听，不禁着急地追问道："可是学僧在此空度岁月怎么办呢？"

光圣禅师只是悠悠地回答道："我这里的禅堂没

有空度岁月的人。"

听了禅师的话，学僧终于知道，禅门的高风，不是一个还没基础的初学者就能轻易了解的，于是心甘情愿地进入禅堂，随众参修。

养心法语 ────────

禅者，虽然是有顿根的人，能够"一朝风月，万里晴空"，但这并不是人人都能的，这种根机，也是百千人当中，只有少数才有的。基本上，禅，从参初开始用功，再经过多年，才成为老参；从老参还要能见道，从见道而能开悟，这有一定的程序。所以，在禅门里，一味想着走捷径，这是很难得到成就的，只有按部就班、好好地老实参禅吧！

带来了吗？

有一天，一位名叫仁德的禅者，来到庐山归宗寺参礼归宗智常禅师，归宗禅师开口便问："你从哪里来？"

仁德恭敬地回答："学人从陕西的凤翔府来。"

归宗禅师再问："既然你从凤翔来，你那自在翱翔的心带来了吗？"

仁德很快地答道："带来了。"

归宗禅师问他："在什么地方？"

仁德也不开口，只是将双手高举，做出从头顶捧物的姿态，再呈献到归宗禅师的面前。

归宗禅师哈哈一笑，也举起双手做出接受他奉献的样子，然后再往后抛出去。

仁德看了归宗禅师的举动，愣了一下，当下无言以对。

归宗禅师摇摇头，喝斥他说："可惜呀！你这个野狐禅，你光是会飞，但没有一个目的地，你落于何处呢？你应该在飞翔之外，找一个地方住于禅定，才能真有所得啊！"

仁德禅者至此豁然有省，欢喜礼拜，从此留在归宗禅师座下参学。

养心法语

禅者，也不只是一些空慧、想法，还是要安住于禅定。所谓"止观"，观是慧，止是定，你光是会飞翔，不能安住，没有把目的表达出来，终不是究竟啊！所以，归宗禅师才开示他说，你只是有了禅没有定，有了观没有止，必须止观双运，禅定一如，才是一个真正的禅者。因此，在行家的面前，只要一开口，就知道你有没有。禅的悟心，虽然我们不尽了然，但是，在真正禅者的面前，却是瞒不过的喔！

谁是驴子？

　　唐代洪州百丈山（今江西奉新西）的百丈惟政禅师，是马祖道一禅师的法嗣弟子。他禅法的特色是在幽默中不失禅趣，经常以诙谐的语言、动作来显示他的禅机妙用。

　　有一次，一位官员骑着一头驴子赶着到京城去办事，在半路上，忽然遇到惟政禅师。

　　碰巧这时候传来一声驴叫，这位官员也跟着驴叫的声音大喊："和尚！"

　　惟政禅师抬起头，看了这位官员一眼，只见那位官员一脸嘲笑地指了指驴子。

　　惟政禅师知道他是有意嘲讽出家人，既不生气，也不辩解，只是淡淡地说："谁在和驴子的声音呼应啊？"

　　这位官员自知理亏，但是又心有不甘，于是问道：

"和尚，你是驴子吗？"

惟政禅师说："驴子是你的啊！"

这名官员自觉不能讨便宜，便默然准备离开。

惟政禅师见状，就说："哎呀！驴子怎么不开口了呢？"

一旁的围观者听了，纷纷哈哈大笑。只见官员面有惭色，匆匆骑上驴子，赶紧离去。

养心法语

人类有一个劣根性，总是喜欢讨人便宜，以伤害别人为乐。其实，就如《四十二章经》所说："仰天吐唾，唾不至天，还堕己面；逆风扬尘，尘不至彼，还坌己身。"因此，惟政禅师顺应这个官员的话，让原本想在口头上讨便宜的官员，最后只有败下阵来。所以，那些常用语言来取笑他人的轻薄人士，看到这个官员的下场，应该有所警觉了。

好事大家知

唐代甘贽居士，是当时有名的在家学佛者，曾在南泉普愿禅师处得法，并成为禅师座下的一名在家法嗣弟子。他的居家生活，经常接待往来人士，借以勘验行者，例如岩头全豁与雪峰义存禅师，都曾和他有过接触往来；他与妻子、女儿，也常以佛法相互勉励，一家和乐融融。

有一天，岩头禅师来拜访甘贽居士，甘居士正好出门不在。禅师看到缝了一半的衣服放在桌上，就坐下来继续缝补。没多久，甘居士回来了，看到岩头禅师正专心一意地量衣补衣，觉得很新鲜，于是悄悄站在他身后观看。

过了一会儿，岩头禅师忽然转过身，拈起缝衣针作势朝甘居士身上缝去。甘居士看出岩头禅师的弦外之意，哈哈一笑，便转身走入房中更衣，再走出来郑重其事地向岩头禅师礼谢。

甘居士的女儿听到父亲的笑声，好奇地探出头，问："父亲，您在笑什么啊？"

甘居士一脸神秘地说："唉！这个你就不要问了。"

甘夫人听到了，也探头问："有什么好事别独自收着，要让大家知道哦！"

甘居士只好将刚才的事一五一十告诉甘夫人，甘夫人听了豁然大悟，笑着说："难怪气候变得这么温暖。"

女儿在一旁听了两人的对话，也若有所悟地说："哦，这个世界的人，老禅师都为他们加衣服了。"

养心法语

历来的禅者，都不是独善其身的人，他们也有服务的人生观。像岩头禅师他缝衣服，就是为人服务。

甘居士回来了，禅师用针对着他，意思是说我要帮你服务。甘居士知道禅师的意思，回房穿了新衣再出来，表示说，我这样衣冠整齐，还需要你来缝制吗？

也就是不劳你服务啦！二人彼此会意，不禁哈哈大笑。

笑声惊动了女儿，女儿问父亲笑什么？笑声也同时惊动了妻子，妻子也问他在笑什么？甘居士说，笑什么不能告诉你们！妻子说，欢喜快乐应该大家一同分享嘛！甘居士听夫人既然这么说了，只有坦白说禅师要帮忙缝衣服。

这样一句简单的话，夫人听了大悟说：难怪天气变温暖了；女儿更加上一句：天下人都有衣服穿了。像这一家人和禅师的往来，僧俗之间洋溢着对世间的欢喜，那就是禅的生活喔！

道在哪里？

宋代的谷隐蕴聪禅师，广州人，曾经参礼百丈道恒、首山省念及大阳警玄等大德，于首山省念禅师言下开悟。后来应襄州（今湖北襄阳）知州夏竦之礼请，住持襄州谷隐山太平兴国禅院，开演禅法，一时之间，十方来集。

有一日，一位禅僧来向他请法："请教上人，学人来此，不想空手而归，应该如何？"

蕴聪禅师回答："山河大地，万物风采，我们都已具备，有谁空手呢？就是老僧此处，睡有床铺，吃有饭碗，哪里有空手而归的？"

禅僧闻言，心中一动，好像透入一线光明，不觉口中念出一偈："小子二十七，到处有饭吃；出外去参学，也有床铺睡。"

蕴聪禅师说："是也，是也！"

禅僧又再问禅师："再请教上人，弟子有床睡，有碗吃饭，但是我要修道啊！那么，道又在哪里呢？"

蕴聪禅师一听，就责怪这位禅僧说："你睡觉不修道做什么？你吃饭不修道做什么？"

禅僧言下大悟，了解所谓"道"也，即是生活也。因为生活里充满禅机，充满佛法，那就是道了。

养心法语 ————————————————

自古以来，一般人都把禅玄化了、神化了，认为禅是遥不可及的，因此不容易开悟。其实，古代的禅师，无论你向谁学道，他大都先问：你从哪里来？你到哪里去？你吃饭了没？你吃茶去！你扫地去！都是生活里一些这么简单的小事，你懂得生活，就懂得了禅。

禅，只是生活的艺术、生活的美感；有了禅，吃饭的味道就和别人不一样；有了禅，睡觉的感受就和别人不一样。心灵开阔、心胸扩大、随缘自在、随喜而作、随遇而安、随心欢喜，那不就是禅了吗？

一茶之恩

　　五代的法眼文益禅师，是余杭（今属浙江）人。他七岁出家，最初学习戒律，后来到长庆慧棱禅师门下学习禅法，久未契入禅旨。在偶然的因缘下，文益禅师遇到了罗汉桂琛禅师，受他的禅法点拨，于言下契悟，而成为他的法嗣弟子。得法之后，因南唐国主李氏的礼遇，被迎请到金陵（今江苏南京），住持报恩院，并且赐号"净慧大师"。

　　有一天，一名云水僧到文益禅师的道场参学。文益禅师和他见了面，就问他："你不远千里来到这里，是为了什么事呢？"

　　云水僧恭敬地回答："学人是来报恩的。"

　　文益禅师问这名禅僧："你向何人报恩？要报什么恩惠？"

　　云水僧回答："向老师报恩。"

文益禅师说："我对你没有什么恩惠可言！"

云水僧又说："祈请老师慈悲，受学生报恩。"

文益禅师点点头，把手一挥，说："好吧！那么就喝茶去。"

云水僧说："感谢老师的'一茶之恩'。"

养心法语

在中国，有"滴水之恩，涌泉相报"的说法；在禅门，赵州禅师对于前来参问的人，也都叫他们"吃茶去"。文益禅师叫云水僧"喝茶去吧"，云水僧回答"感谢老师的'一茶之恩'"，可能大家没有想到还有这种"一茶之恩"。

一般说来，报恩都报在之后，可是这名禅僧还未饮茶，却要报"一茶之恩"，可见禅门不是时间颠倒，而是已泯灭时空人我。这名云水僧对文益禅师有一定的敬仰和欢喜，所以他的"一茶之恩"，不也和"滴水和尚"的故事是一样的吗？

跳出三界

唐朝的曹山本寂禅师，是福建泉州莆田人，从小学习儒学，十九岁在福州灵石山出家，法名本寂，二十五岁受具足戒。之后前往洞山良价禅师座下参学，并且得到法要；后来在江西抚州荷玉山开堂说法，因为思慕曹溪六祖惠能大师，于是改名"曹山"，一时诸僧云集，大振洞门宗风，成为曹洞宗的第二代祖师。

有一名云水僧去拜访本寂禅师，向禅师探问道："常在生死海中沉没的是什么人？"

本寂禅师悠悠地说："是你。"

云水僧不解地问："我现在是人，并且学佛修禅，怎么会沉没在生死海中呢？"

本寂禅师回答："人海茫茫，哪个人不在无边的苦海里流转啊？"

这名云水僧一听，又接着问道："既然是这样，老师您有超出三界外吗？"

本寂禅师微微一笑，意味深长地看着云水僧说："我不去想这个问题。"

云水僧于言下忽然有省，作礼而去。

养心法语

有谓"三界火宅、娑婆苦海"，主要的是因为苦海茫茫，没有边际，这里面没有安稳。其实，世间上人人都没有依靠，你说靠钱财，人为财死；靠情爱，作茧自缚；靠知识，妄想烦恼；靠社会，是非纷扰；到底三界中，有什么是可以依靠的呢？

本寂禅师的禅修生活，让他没有想过这个问题。也就是说，他没有在是非名利场中流转，意味着他虽在世间生活，但已解脱超凡，不再为世间所囚缚了。

卷四

能在沉默里体会出千言万语，就可以说已经透到一点禅的消息了。

宜默不宜喧

灵树院是云门文偃禅师驻锡的道场，每年总在四月十六日至七月十五日举行"夏安居"，集合佛门弟子安居一处精进修道。

五代时，由于后汉君主信佛虔诚，有一年特别礼请云门禅师和寺内僧众到皇宫内院来举行夏安居。

诸位法师在宫内接受宫女们的礼敬问法，可说是川流不息，热闹非凡，尤其后汉君主虔诚重法，每天的禅修讲座必定参与。僧众们几乎个个都喜欢和太监、宫女们说法，唯有云门禅师一人，不管任何时刻，他都静坐在一旁参禅打坐，宫女们看了也都不敢来亲近、请示。

有一位值殿的官员，他经常看到总是无人向云门禅师请法，就亲自向云门禅师请示法要，可是云门禅师还是静静地不发一辞，值殿官员不但不以为忤，反而对禅师更加尊敬，于是在皇宫内院的碧玉殿前贴了一首诗：

大智修行始是禅，禅门宜默不宜喧，

万般巧说争如实，输却云门总不言。

养心法语

所谓"沉默是金"、"一默一声雷"。禅门的高僧，一向如闲云野鹤，或居山林，或住水边，三衣一钵，随缘生活，随处而安，任性逍遥，到处是道。

即使法缘殊胜，这许多禅师到了王宫府邸，亦不为名动，不为利诱，不为权惑。如云门禅师者，虽然是一句话不说，实则有如雷轰顶之开示；在一默里，说尽了佛法。

吾人能在沉默里体会出千言万语，就可以说已经透到一点禅的消息了。

有用的话只要一言，甚至无言；没有用的话，千言万语又有什么用？

秋水如帘涌密蓉曲岸生文小立枝頭
如悲夕陽影滾續紛　借青子灣

悲己愚者非愚人，
自知愚拙，会力求上进；
自称贤者愚中愚，
自认贤能，将停止成长。

洗面革心

日本江户时代，有一位大愚良宽禅师，他一生致力于参禅修行，从未曾稍稍松懈过一天。他老年的时候，有家乡捎来的消息说，他的外甥不务正业，成天吃喝玩乐，快要倾家荡产了。家乡父老希望这位和尚舅舅能大发慈悲，救救外甥，劝他回头是岸，重新做人。

良宽禅师于是不辞辛苦，走了三天的路程，回到久违的家乡。外甥见到和尚舅舅回来，十分高兴，特地留禅师在家里住一晚。

良宽禅师在俗家的床上禅坐了一夜。第二天清晨，良宽禅师准备告辞离去，他坐在床边穿鞋，却一直系不好草鞋的绳带，两手一直发抖，外甥见状，于是蹲下来帮舅舅将草鞋绑好。

这时，良宽禅师慈祥地对外甥说："谢谢你了，你看，人老了真是一点用都没有。你好好保重自己，趁着年轻的时候，好好做人，把该做的事情做好。"

说完之后，就头也不回地走了，对于外甥先前放荡的生活，禅师一句责备都没有。那天以后，他的外甥再也不花天酒地、生活浪荡，从此洗面革心，奋发向上。

养心法语 ————————————————

禅宗的教学法，有时是当头棒喝，有时是反诘追问，有时是有无不定，有时则暗示含蓄。总之禅的教育，就是不说破，不说破才全部都是自己的。

从良宽禅师对外甥这种不说破的感化，应可给天下爱护儿女的父母们一些启示。吾人能否懂得这样的禅心呢？

女子出定

参禅的人，有所谓"入定"或"出定"。打坐进入禅定，完全安住在一个寂静的世界里，这就是入定了；出定是从入定的状态，回复到我们平常的行动、行为。

某天，释迦牟尼佛在说法的时候，有一位女子就坐在佛陀的座旁入定了。

文殊菩萨觉得很奇怪，就问佛陀："这名女子为什么能在您身旁就坐，而且入于禅定三昧？可是有'智慧第一'之誉的我，为什么却不能？"

佛陀回答："你把她从定中引出，自己去问她好了。"

文殊菩萨就绕着这女子走三匝，并弹指出声，但是女子不为所动，安然坐在那里，文殊菩萨甚至还运用自己的神通，将她托往梵天，可是尽其神通力，都不能使这女子出定。

这时，佛陀才说道："就算有百千万个文殊，也无法使这女子出定。如果要她出定，下方世界过四十二恒沙国土，有位罔明菩萨可以做得到。"

没多久，罔明菩萨从地涌出，向佛陀作礼，然后向女子弹指一下，这位女子马上就出定了。

养心法语

人生在世，没有禅定，实在是不得安宁。他人要我欢喜，只要说我几句好话，我就欢喜；他人要我烦恼，只要说我几句坏话，我就暴跳如雷。所以，别人能轻易地掌握我，我却连自身的喜乐都无法自主，这都是因为禅定不够！

罔明即无明，也就是不能明心见性。这名女子虽能入定，甚至连文殊菩萨也不能动摇，但无明起时，就"一念嗔心起，百万障门开"了。

没有禅定的人，可不慎哉！

锄草斩蛇

某天，归宗智常禅师正在锄草，草丛里突然钻出一条蛇，禅师举起锄头便砍。有位前来参学的学僧看到了，很不以为然，批评说："很久以前，我就很仰慕这里慈悲的道风，可是到了这里，却只看见一个粗鲁的俗人。"

归宗禅师问："像你这样说话，是你粗，还是我粗？"

学僧不高兴地反问："那你说什么叫粗？"归宗禅师把锄头放下来。

学僧又问："什么是细？"归宗禅师举起锄头做砍蛇的姿势。

对于"砍蛇的姿势是细，放下了锄头反是粗"，学僧还是无法明白归宗禅师的用意。

归宗禅师说："先不谈粗细，请问你在什么地方看见我斩蛇了？"

学僧毫不客气地说："当下。"

归宗禅师就用教诫的口气说："当下不见到自己，却来见到我斩蛇做什么！这不是颠倒吗？"

归宗禅师的话，终使学僧深有所悟。

养心法语

禅宗历史上有所谓"南泉斩猫"的故事，有人以为，杀生是佛门的根本大戒，南泉禅师不应该杀生。也有人说，这是南泉古佛的大机大用，不能以狭隘的见解诬谤大德。其实，南泉斩猫或许以手作势斩猫，为的是斩断大众的物欲和执著。

现在归宗禅师斩蛇，也可能是作势欲斩，学僧却见风即雨，脱口就说没有慈悲。可是归宗禅师既有德望号召学者，岂能容你说粗说细，所以他教诫学僧不要停滞在见闻觉知上，禅要割断常情，去除知识。知识是从分别心来的，禅是从无分别上建立的智慧，为什么要在外境上分别执著，而不能照顾当下的自我呢？

一路顺风

有一天夜里，洞山良价禅师讲经说法时没有点灯，学僧能忍询问为什么不点灯，良价禅师就叫侍者立刻点灯，然后对能忍说："请你到我的面前来！"能忍便依言走到良价禅师座前。

此时，良价禅师对侍者说："去拿三斤点灯的油来，送给这位上座。"

能忍听后，甩甩袖子走出讲堂，他不知道，良价禅师的意思是慈悲，讽刺，抑或还有别的意思？经过一夜的参究，他终于若有所悟，于是立刻拿出全部积蓄，举办斋会，供养大众。然后他留在大众中继续参禅，三年后，向良价禅师告辞，意欲他去。

良价禅师没有挽留，只说："祝你一路顺风。"

这时，雪峰义存禅师恰好站在良价禅师身边，等能忍走到门外，雪峰禅师就对良价禅师说："这位禅者走了以后，不知要多久才能回来？"

良价禅师回答："他知道他可以走，却不知自己什么时候可以再回来。你若不放心，可以去僧堂看他一下。"

雪峰禅师随即跟了出去，谁知能忍禅者回到僧堂后，就在自己的座位上坐化了，雪峰禅师赶紧报告良价禅师。

良价禅师听了就说："他虽然是死了，却比我迟了三十年。"

养心法语

禅僧能忍要求良价禅师夜里说法开示时点灯，以及良价禅师随即叫侍者点灯的举动，原都是人之常情。但是，良价禅师嘱侍者再以三斤灯油相赠，这就不寻常了。可以说这是良价禅师特别慈悲，也可以说是良价禅师讽刺能忍的贪求。无论如何，能忍还是舍去贪求，悟道了。

三年后，能忍世缘已了，告辞入灭，良价禅师还祝他一路顺风，在禅者眼中，生死就如回家一样。良价禅师自己还活着，却说能忍比他迟死了三十年，表示良价禅师早于三十年前，便已悟知生死一如，法身理体与生活一如了。

深不可测

有一位研究经律论的三藏法师，他问大珠慧海禅师：“请问吾人本性的真如到底会不会变异？”

大珠禅师回答：“会变异。”

三藏法师听了哈哈一笑说：“您说错了！”

大珠禅师道：“我没说错，是你没有真如佛性。”

三藏法师说：“一切众生皆有真如佛性，我怎么会没有真如佛性？”

大珠禅师：“如果你说真如不变异，那么你一定是个平凡的僧人。你难道没有听过真修道者，可以转三毒贪嗔痴为三学戒定慧吗？转六识成六种神通吗？转烦恼成菩提，转无明为佛智吗？如果你坚持真如不变异，就是不能转，那你就是外道。”

三藏法师为之语塞，只好认输说道：“这么说来，真如佛性是会变异了？”

大珠禅师说："若说真如佛性会变异，那么也是外道。"

三藏法师："您刚才说真如会变异，怎么现在又说不变？"

大珠禅师答："如果你清清楚楚地见到自性，就会知道真如和万物的关系，说变也是，说不变也是。可是如果没有见性的话，那么说变也不是，说不变也不是。像你现在，一听人说真如会变异，就做变异的解释；又听说真如不变异，就做不变的解释，请问你这样怎么能称为杰出的三藏法师？"

三藏法师听了非常惭愧地说道："禅，真是深不可测！"

养心法语 ————————————————————

的确，禅是深不可测的。你说禅是静的，不对，禅不完全是静的，禅是活泼的；你说禅是动的，也不对，禅是立而宛然。你这样说不对，那样说也不对。禅是变而不变，不变而变；动而不动，静而不静；动中有静，静中有动。所以此即是彼，彼即是此，可以说这是禅统一天下，统一了动与静，统一了变与不变。

进入深山

洞山良价禅师去拜访潭州龙山禅师。龙山禅师见了面就问："没有进入这座山的路，你是从哪里来的呢？"

良价禅师说："且先不谈我是怎么进来的。请问老师，您是从哪里进入这座山的呢？"

龙山禅师道："反正我不是从天上掉下来的，也不是从地下钻出来的。"

良价禅师再问："请问老师，自从您住进这座山以来，到现在已经有多少年了？"

龙山禅师答："山中无甲子，世间的岁月跟我没有关系。"

良价禅师又问："是您先住在这里，还是这座山先住在这里呢？"

龙山禅师道："我不知道。"

良价禅师不解地追问道："为什么不知道？"

龙山禅师回答道："我既不是凡尘的人，也不是天上的仙，我怎么会知道呢？"

"既不是人，又不是仙，难道您已经成佛了？"良价禅师追问。

"不是佛。"

"那是什么呢？"

龙山禅师答："说是一物即不中。"

良价禅师到这时终于提出他的主题，他问道："是什么缘故您才住进这座山呢？"

龙山禅师答道："因为我以前看见有两头泥牛在打斗，一边斗，一边退，竟坠入大海中，一直到今天也没看见牛的踪影。"

良价禅师不由得肃然起敬，立刻恭敬地对龙山禅师礼拜。

养心法语 ————————

这里所说的"深山"，指的就是我们身体的"五蕴山"。身体是由色、受、想、行、识五蕴和合而成，故称"五蕴山"，亦即由物质的身体、精神的心和合而成。

我们是如何进入这座山的？当然不是从某一条路进入，也不是从天上掉下来的，而是从业缘进入这五蕴山的，我们之所以有这个身体，父母只是一个缘。深山好修道，不妨借用我们这座五蕴山"借假修真"。

不复再画

日本的月船禅慧禅师是一位善于绘画的高手，他每次作画前，必定要求买画者先行付款，否则决不动笔。这种作风不免让一般的社会大众对他有微词，常批评说，他的禅很有名，要钱也很有名。

有一天，某位贵夫人请月船禅师绘一幅画。

月船禅师一开始就问："你能付多少酬劳？"

那位贵夫人答道："你要多少就付多少，但我要你到我家去当众挥毫。"

月船禅师答应了，就随贵夫人到她府上，只见贵夫人家中正在宴客，月船禅师正要开口谈酬劳时，贵夫人却对参加宴会的大众说："你们看，这位画家只知道要钱，他的画虽然好，但是他心地肮脏，被金钱给污染了。所以，他的作品不宜挂在我的客厅里，只能装饰我的裙子。"

说着，便拿出自己穿过的一件裙子，要月船禅师在上头作画。

月船禅师问："你要出多少钱？"

这位贵夫人说："你开个价，我付得起！"

于是，月船禅师开了一个非常昂贵的价钱，然后依照那位贵夫人的要求，画了一幅画，拿了钱就即刻离去。

很多人不明白，为什么禅师只要有钱拿就好？即使受到任何侮辱也无所谓。后来才知道，月船禅师住的地方，常发生灾荒，当地的富人不肯出钱救助穷人，因此他建了一座仓库贮存稻谷，以供赈济之需。又因为他的师父生前发愿建寺，可惜志业未成就不幸身亡了，因此月船禅师想完成他师父的遗愿。

当这两个愿望达成之后，他即刻抛弃画笔，不复再画，并说了："画虎画皮难画骨，画人画面难画心。"

养心法语 ————————————————

钱是丑陋的；心是清净的。有禅心的人，不计人间的毁誉，像月船禅师以自己的艺术素养，求取净财，救人救世，因此他的画不能以一般的画来论，应该称为"禅画"。月船禅师不是贪财，他是舍财，可是世间有多少人能懂得这种禅心呢？

听而不闻

有一位学僧问归宗智常禅师："什么是佛法的大意？"

归宗禅师回答："无人能知。"

"那么要往何处去寻思佛法的大意？"

"可寻可思就背离佛法的玄妙了。"

学僧不甘示弱地反击说："无寻无思时，又是如何呢？"

归宗禅师轻松地反问道："如果无寻无思，又是谁在寻找旨趣？"

归宗禅师见学僧茫然不解，就说："去！这里没有你可用心之处！"

"难道没有什么方便法门，能让人契入吗？"学僧仍然不死心地追问。

"观音妙智力，能救世间苦。"

"何谓'观音妙智力'？"

归宗禅师就敲着香炉的鼎盖，"锵！锵！锵！"敲了三下，问道："有听到吗？"

学僧高兴地说："听到了！"

归宗禅师却说："为什么我没有听到呢？"

学僧不知如何回应，就在他不知所措时，归宗禅师随即一棒打下，当下截断学僧的千思万虑。

养心法语

归宗禅师的"我没听到"，不是真的没听到，而是在听的时候，没有好听、不好听、大声、小声等等分别心。而学僧的"听到了"，却是耳闻之后，在声音的好坏、大小、爱憎上攀缘。禅师用棒打的方法，就是要让学僧不要住声而生心。

修行，要学习如何听闻，也就是要善听，不论是恶声、骂声、吵声、怪声，若能像观音菩萨一般，化所有音声为清净之音，将别人对我们的粗言恶语听成是善意的赞叹，如此便修成观音菩萨的"善听"法门。

洞山无寒暑

某天，有位学僧问洞山良价禅师说："请问老师，遇到寒暑来时，应该如何躲避呢？"

良价禅师回答："为什么不到没有寒暑的地方去？"

学僧接着又问："那么，何处没有寒暑呢？"

良价禅师回答："寒时到寒冷的地方去，热时到炎热的地方去！"

学僧对良价禅师这种前后矛盾的回答，感到相当的疑惑与不解，于是反问禅师说："您刚刚不是说要到一个既不寒冷又不炎热的地方吗？这会儿为什么又说'寒时到寒处，热时到热处'呢？"

只见良价禅师缓缓地告诉学僧说："寒冷时用寒冷来锻炼你自己，炎热时用炎热来锻炼你自己！"

养心法语

　　洞山良价禅师的话看似前后矛盾，其实不然，这正说明了禅者的不动心。寒冷的时候，不以为冷；暑热的时候，不以为热，不论外境如何，心境始终都如如不动。所以，外境纵然有寒暑之别，但是在禅者的心里，却是恒处于没有寒暑的地方，寒冷的时候，禅者能在寒冷处安住；炎热的时候，禅者也能在火焰处感到清凉！

　　人如果有了禅的智慧，在现实生活里，就能时时保有"不以物喜，不以己悲"的平常心。不会因为外界的变化而忽喜忽忧，即使身处于寒暑冷暖、荣辱苦乐、贫富得失、是非人我之中，都能不动心，不动心就能过着自主、自由、自在的生活。

反主为宾

有一年年关将届，云游在外的佛光禅师，终于在除夕夜里，赶到弟子平遂驻锡的寺院，准备过年。可是全寺却漆黑一片，敲门也没有回应，禅师只好在寺院前盘腿打坐等候。

等了一会儿，同行的侍者不耐烦，就在寺前四处张望，终于发现有一扇窗户没有上锁。侍者身手矫健地爬窗而入，开门请佛光禅师进去。

佛光禅师进门后，转身交代侍者："把所有的门窗都反锁起来。"

大约过了两炷香以后，平遂终于回到了寺中。他掏出怀中的钥匙开门，可是试了又试，就是无法把门打开。

平遂纳闷地自言自语："真奇怪，钥匙明明没有带错，怎么打不开？"平遂不死心地再试，门依然顽强地紧闭着。不得已，他只好撩起衣衫，从侧门旁厕所的一个小窗户，破窗而入。

哪知头才刚刚伸入室内，突然从黑暗中传来低沉浑厚的声音："你是什么人！爬窗做什么？"

平遂一惊，就跌了下来。心想：莫非自己走错了人家！

佛光禅师命侍者开门，把平遂迎了进来。平遂一看，原来是师父来了，赶忙上前礼座，说道："弟子刚才真是吓坏了，师父那一声轻喝，如同狮子吼声，让弟子真不知道谁是主，谁是宾了。"

养心法语

常有人说，慈悲实在不易奉行。假如说自他互易，实在也不知道我是谁了！明明自己是寺主，给屋内的人轻轻一问，顿然有反主为宾的感觉。平常执著的自我，也有这么忘失的时刻。

假如我们时时记住自己的真心，从禅观中悟道，从无分别中认识自己，禅的大门还是很容易打开的！

禅像什么？

有一位信徒很想学习参禅打坐，但是不得其门而入。有一天，他鼓起勇气去拜访无相禅师，非常诚恳地请教："禅像什么？"

无相禅师告诉他一个五祖山法演禅师讲过的故事：

有一个小偷，他的儿子对他说："爹！您的年纪渐渐大了，还是找个时间教我偷盗的技术和秘诀，免得我以后没有办法生活。"做父亲的不好推辞，也就答应了。

这天晚上，父亲果然带着儿子潜入一户富有的人家，父亲先将衣橱的锁打开，叫儿子进到里面后，忽然把橱子锁起来，大叫有贼，然后转身就跑了。这户人家听说有贼，赶紧起床搜查，发现并没有损失，也没有看到小偷，于是又回去睡觉。

这时，被锁在衣橱里的儿子苦思逃生之计，情急之下，灵机一动，就学老鼠咬衣裳的声音。一会儿，就听到房内的夫人唤丫鬟提灯来看，衣橱才刚打开，儿子立即将灯吹灭，从丫鬟身边一跃而过，就逃走了。

家丁发现真的有小偷，于是在后面紧紧追赶，追到了河边。眼看就要追上，小偷儿子情急智生，拿起一块大石头抛入河中，自己绕道而逃。家丁误以为小偷被逼急了跳河，就折回府里报告。

儿子回家以后，不断地埋怨父亲，为何将他锁住了然后逃走。父亲问他是怎么逃出来的，儿子把经过说了一遍，父亲说："你以后不愁没饭吃了！我的技术、秘诀都已传授给你了。"

养心法语 ————————

　　小偷儿子从没有办法中想出办法，便是禅。禅的智慧是发自内心，不是老由人牵着鼻子走。所谓"山穷水尽疑无路，柳暗花明又一村"，那便是禅。

画心画性

益中禅师非常擅长于绘画，他透过画画来表达禅道的精神，作品经常被当时的社会各界所收藏。

有一次，益中禅师正在画画，一旁的侍者就借这个机会，向益中禅师请教禅法。侍者问道："请问禅师，当初达摩祖师从西天来到东土，以'不立文字，直指人心，见性成佛'做为禅法的主要精神。那么，这个直指人心的'心'，能够画得出来吗？"

益中禅师二话不说，举起了画笔，很慎重地在侍者的脸上，画了一个圆圈。

侍者突然间被益中禅师这么一画，满脸惊愕地愣在原地，好半天说不出话来。益中禅师随即把侍者受到惊吓的模样，迅速地在纸上画了出来。

待侍者回过神之后，定了定神，又再追问益中禅师说："那'见性'能画得出来吗？"

益中禅师放下画笔，指了指桌上的画纸，说："画好了啊！"

侍者把桌上的画纸拿了起来，认真地端详，他瞧了又瞧，最后满面疑惑地说："这画里画的分明是我啊！"

益中禅师摇摇头，说："你没有见性的眼，所以看不出其中的端倪。"

侍者就俯身恭敬地说："请禅师慈悲，为我说破。"

益中禅师呵呵大笑，手一挥，不以为然地说："你先把见性的'性'拿出来，我才能画得出来啊！"

当下，侍者无言以对。

养心法语

真心，是无相的，不能用有形的相来表达；见性的"性"，也是无相的，同样也不能用有形的相来表达。

益中禅师在侍者的脸上，画了一个圆圈，就是象征着：心不就是这样圆满吗？接着，禅师在纸上画了一个人，待者若能会意，不就是自己的本性吗？

其实，不论心也好，性也好，都得在相之外，才能看到真正的心与性。

只看到自己的心

日本有一位剑道高手，他到深山里拜见无德禅师，在与禅师一番论道谈禅后，心里生起了崇敬之心，打算待在寺院里，跟随禅师习禅学道。

他诚恳地问："禅师，要学到像你这样的功夫，需要几年的时间？"

无德禅师非常干脆，即刻回答："十年。"

这位剑道高手感到很惊讶，就问："十年？太长了，不成不成。这样吧，我日夜用功习禅，你也多加教导我一点，五年可以吗？"

无德禅师对剑道高手打量了一番之后，答道："依你的资质，恐怕要二十年。"

剑道高手不死心，又问道："那好，我不吃饭、不睡觉，把时间省下来习禅打坐，你看怎么样？"

无德禅师摇摇头说："照这样来看的话，恐怕要六十年，不过就算是六十年也学不成。"

剑道高手讶异地问道："为什么要那么久呀？"

无德禅师说："你不吃饭、不睡觉，还不到六十年就死了，还学什么禅呢？"

这位剑道高手终于面露失望的神情，无奈地问："禅师，那我究竟该怎么样做，才能到达像你这样的境界？"

无德禅师拿起杯子，喝了口茶，才说："之所以需要十年、二十年、六十年的时间，是因为你只看到成就名利，只看到人间红尘，只看到时间流逝，只看到世间对待的事事物物。一位真正的禅者，他的两只眼睛看不到外境，只看到自己的心。"

养心法语

知识只是外相上的，我们由于被外相所迷，所以一生岁月里有数十寒暑都在空过。假如能看心、看自己，不为外相所诱惑，尽力发挥自己的心力，所谓"三界唯心，万法唯识"，只要心诚，何患一切不成呢？

禅门里说："佛说一切法，为治一切心；若无一切心，何用一切法。"所以，"有心"还不到最后究竟，要达到"无心"，所谓"犹如木人看花鸟，何妨万物假围绕"，唯有无心的世界才能普及宇宙万有啊！

有大胸襟，方有大格局；
有大格局，才能成大事。

水分千派

明朝曹洞宗的慈舟方念禅师，河北唐县人，十岁时依止大慈禅师披剃。受过具足戒后，一日听闻古道法师讲《楞严经》，听到"七处征心"而领悟万法皆缘生缘灭，都不实在，感到佛法深广无涯。于是，他毅然决然南下到嵩山少林寺，参礼幻休常润禅师，想要直探佛法大海。

常润禅师问："你从什么地方来？"

慈舟方念答道："学人从北方来。"

常润禅师问他："北方的禅风道法，与这里的道风有什么不同？"

慈舟方念回答："水分千派，流出一源。"

常润禅师反问他："即然如此，你还到这里做什么？"

慈舟方念再答："流出一源，水分千派。"

常润禅师与慈舟方念一番对答后，知道他是个法器，就说："你就留在寺里，担任维那一职吧！"

有一天，慈舟方念禅师到达摩祖师当初面壁九年的少室峰参拜，就在头触地的一刹那，他豁然领悟大法。慈舟方念从少室峰奔回少林寺，直往法堂拜见常润禅师，并呈上自己的悟道偈：

少室峰前，好个消息。

大小石头，块块着地。

常润禅师听了哈哈大笑，欢喜为他印证，并嘱咐："佛祖将自己所证，递相承袭，欲令一切众生也能证得菩提。我今天将佛祖心印源流付嘱于你，你可要上体佛祖之心为心，续佛慧命，灯灯相继，千万别丧失了呀！"

养心法语

百千法门，同归方寸；内心方寸，也拥有百千法门。佛法没有地域之分，同出一宗，既是一宗，何必要从北方走到南方？只是不到南方，焉知南北无别呢？所以，慈舟方念禅师的回答，便已将自己的悟境让常润禅师了解了，因此，常润禅师一听便知他是法将。

佛祖的真心，透过一语，就好像一滴水洒得山河大地春，慈舟方念禅师可以大悟，也是有道理的。

我没有护法

　　婺州（今浙江金华）的明招德谦禅师是唐末五代时候的僧人，属青原行思之法系，为罗山道闲禅师的法嗣。德谦禅师的禅法灵活锐利，甚受丛林尊宿及四方学僧所敬仰。曾经担任婺州智者寺之首座，在今金华市武义县的明招山驻锡四十余年。

　　有一天，德谦禅师指着墙上的壁画问寺里的僧人："这是什么神？"

　　一位年轻的学僧说："护法善神。"

　　德谦禅师眉头一皱，追问："会昌法难灭佛毁僧的时候，他们到哪里去了？"

　　学僧闻言一愣，不知如何回答。

　　德谦禅师指着学僧说："你去问一问演侍者。"

　　这位学僧果真前去询问，然后回报德谦禅师："演上座说，你究竟在哪一劫当中遭逢这个法难了？"

德谦禅师听了以后，哈哈大笑说："你说得有道理、有道理，惭愧、惭愧。确实，我没有护法。"

养心法语

历史上"三武一宗"法难，是指北魏太武帝、北周武帝、唐武宗及后周世宗时的毁佛事件，是为"三武一宗"。唐朝会昌年间，武宗因为听信道士赵归真以及宰相李德裕的怂恿而毁灭佛法，名为"会昌法难"。

佛法兴，有因缘；佛法灭，也有因缘，天龙护法他们也无法违逆因缘。因缘是众，众缘如此，个案无可奈何啊！

但是，德谦禅师叫学僧去问演上座，会昌法难的时候，护法诸神在哪里啊？不可以把责任推给别人。因此上座就反问："你是哪一劫中遭逢这个法难了？"意思是说，会昌法难的时候，你在哪里呢？这是给德谦禅师当头一棒，所以德谦禅师只有说，有道理、有道理，惭愧、惭愧。

古侍者

唐代的双峰古禅师，是福州双峰禅师的法嗣。

最初，古禅师是在京城讲经，后来才到福州参礼沩山灵祐禅师的弟子双峰禅师。

双峰禅师初见古禅师，就问："你住在什么地方？"

古禅师回答："住在城里。"

双峰禅师又问："你平时有想过老僧吗？"

古禅师回应说："学人经常想着禅师，只是没有机会前来亲近。"

双峰禅师点头赞许道："能这么想，就可以算是大德了。"

古禅师从此不再讲经，入山随侍双峰禅师。

几年后，古禅师到石霜庆诸禅师的道场参学，但他只是随众，并没有进一步请法，众人都传说古禅师已在双峰禅师处得法。

后来，古禅师参学告一段落，石霜禅师亲自送他出山门口，忽然从后头喊了一声："古侍者，你不留下一句话就走了吗？"

古禅师回答道："请上人开示。"

石霜禅师说："你不问法，我怎么开示呢？"

古禅师就说："我不问，您不说，就已经够了。"

石霜禅师说："很好的承诺，无言无说，你去吧！"

古禅师应诺之后，即刻大步离开，后来又回到福州。不久双峰禅师示寂，大众就推他接任住持。

有人问他："您在石霜禅师那里多年，听说您未曾向他求法，这不是枉住在石霜禅师那里空费时间吗？"

古禅师平淡地说："没有空费时间，他最后叫我'古侍者'。"

养心法语

古禅师，不知何许人者，只知他言行独特，是个禅悟很高的人，故以"古侍者"称他。多年不请一法，最后仍然获得石霜禅师喊他一声"古侍者"，意思就是身边的人，允许他做入室弟子。所以古禅师对石霜禅师的尊重，从无言无说里，心心相印，也已表达尽致了。

赏你一掌

在一个炎热的夏日午后，日本某一座寺院旁边，传出了阵阵的嬉闹声。原来是一群顽皮的小孩，以寺院刚漆好的白墙壁当画布来比赛涂鸦。

寺里的仙崖义梵老禅师听到吵闹声，悄悄地绕到他们的背后，一看究竟。

"喂，孩子们，我这里有好东西要给你们喔，快点过来吧！"仙崖禅师笑眯眯地说。

小孩子一听到有东西可拿，立刻就忘了自己刚做过的坏事，更没想到要逃跑，纷纷围聚在老禅师的身边。

老禅师一脸微笑，弯下身子，说："来来来，告诉我，这墙上的图是谁画的呀？"

小孩们互相对望，面面相觑，没有人敢开口承认。

接着，老禅师就故意说："哎呀，画得真好啊！

可惜不知道是谁画的？我这里有一个奖品，本来想好好奖赏他的……"

这时候，有一个小孩很得意地站出来，拍着胸膛说："师父，师父，是我画的啦！"

仙崖老禅师看着他，点点头，忽然一掌就落在那个小孩的头上，说："喔，是你画的呀？赏你一掌，看你以后还敢不敢乱画！"

那个小孩说："你为什么打我？"

仙崖禅师说："你去问画得那么好的图案吧，它会告诉你。"

养心法语

在墙上到处乱涂鸦，在公共场所到处乱签名，这是非常缺德的。像在美国有些城市的大街小巷，有时候一面很好的墙壁，不知道给什么人恶作剧，涂成五颜六色，搞脏了环境，让当地政府不胜取缔。这些涂鸦者，他们以为自己是艺术天才，到处随意涂鸦，甚至在半夜三更趁人不注意的时候，用各种的漆料涂在墙壁上。没考虑到，这样一经涂鸦后，会使得附近一带的房屋跌价，真叫人无可奈何。原来，日本在千年之前，就已经有这样的恶作剧了。

仙崖禅师是一位幽默的禅者，他能够让小孩自己承认，然后赏他一掌，警告他下次不可以随便涂鸦，这也是一场现场的教育啊！

诚实第一

黄龙山的灵源惟清禅师，俗姓陈，江西武宁人。十七岁受具足戒，之后前往延安参礼法安禅师。法安禅师一见他，指点他说："你是大海，我是沟渠；你是松柏，我是野草；你是天上的日月，我是夜晚的油灯；我哪能做你的老师？你的根器，应该到江西黄龙祖心禅师那里去，那里才是你的依止之处。"

灵源禅师依言到江西南昌章江寺，在黄龙祖心禅师座下学习，每日跟随大众作务。但是，每次祖心禅师说法，所有问答他都茫然不解。灵源禅师心里很难过，每晚跪在佛像前礼拜忏悔，自语说："法安禅师说我是大海、松柏、日月，但我却是这样的无明，实在叫我生大惭愧啊！如果有所省悟，我愿尽形寿，以法布施，世世弘扬大法。"

一日，灵源禅师读《玄沙师备禅师语录》，忽然感到非常困倦，便靠着墙壁休息。过了一会儿，他又起身经行，因为走得太快，鞋子掉了下来，就在弯腰拾取的时候，忽然了知：时间里没有快慢，空间里没有远近，世间上没有上下，完全一切融和。他自觉有省，于是向祖心禅师报告心得。祖心禅师为他印可，并且赞许他，让他进侍者寮担任侍者。

有一天，灵源禅师和另外两名僧人进城去，很晚才回到寺里。

祖心禅师知道了，就问灵源禅师："今天到哪里去？从哪里回来啊？"

灵源禅师心虚，不敢直接回答，便随口说："从大门回来。"

当时，同门道友悟新禅师也在祖心禅师身边担任侍者，一听此话，知道灵源禅师说谎，便大声吼说："参禅修道，为的是度脱生死大海，诚实第一，你怎么可以在老师面前打妄语？"

灵源禅师听了面红耳赤，吓出了一身冷汗，赶快承认说是从市场买东西回来。

　　灵源禅师回答老师说"从大门回来"，这话也不错，此中也有禅意；只是这话没有说尽，源头还没有明白。一经同参道友喝斥："在老师面前怎可以说谎？必须要诚实！"灵源禅师即刻认错，可见灵源禅师的根器真是如大海、如日月，可以包容、可以接受，已经超越时空的对立，不在语言上计较。因为在世间上，"诚实"到底是非常宝贵的啊！

有何不同？

　　襄州（今湖北襄阳）的谷隐智静禅师，又号"悟空"，得法于五代时候襄州鹿门山的处真禅师。

　　某天，有一位年轻的学僧前来向智静禅师参问："请问老师，像您今天讲经集众的盛会，和当初佛陀在灵山上说法，百万人天与会的盛况，有什么不同吗？"

　　智静禅师只是淡淡地说："我是在湖北的鹿门山，不在灵山啊！"

　　年轻的学僧接着又问："假如把这场盛会看成与灵山胜会一样，又如何呢？"

　　智静禅师回答："那么佛陀一定会来。"

　　学僧继续追问："那我们可以看到佛陀吗？"

　　智静禅师微微一笑，看着学僧说："人人是佛，其实，你就是佛陀，只是你太愚痴了！"

　　学僧一听，无言以对。

养心法语

　　湖北的鹿门山和印度的灵山，虽然在地理方位上有所不同，但是在法义上、在精神世界里，是可以相通的。

　　灵山究竟在哪里？其实，有佛法的地方不都是灵山吗？除了印度的灵鹫山外，欧洲的阿尔卑斯山、日本的富士山、中国台湾地区的玉山、尼泊尔的喜马拉雅山，它们不都也是灵山吗？甚至于你住的城市有一座寺院，你住的家中有个佛堂，你的心中有个信仰，那不都是灵山吗？所以，有一首偈语云："佛在灵山莫远求，灵山就在汝心头；人人有个灵山塔，好向灵山塔下修。"由此观之，难怪智静禅师要骂那位年轻的学僧愚痴了。

罗汉在哪里？

　　道融比丘尼，父母皆为虔诚佛教徒，受他们的熏陶所影响，早岁即发心入道，礼红木山大觉禅师为师，在他的门下学习。道融平日勤勉热心，欢喜为大众服务。

　　一日，大觉禅师以常住新雕刻完成的十八罗汉为题，授课说法。

　　席间，道融举手发问："老师，过去的丛林道场都设有罗汉堂、祖师堂，来供奉罗汉、祖师大德们，为什么我们的罗汉、祖师，却供在露天的园林中，让他们受艳阳日晒、风吹雨淋呢？"

　　大觉禅师率直地说："好啊！那你把他们搬进殿堂里去好了。"

　　道融闻言一愣，不明白老师所言，于是问道："石刻的罗汉那么重，我哪里搬得动啊？"

大觉禅师说："那就任他风吹雨淋吧！"

道融心中仍然不解，继续追问道："可是罗汉祖师在屋外受风吹雨淋，不是很令人不忍心吗？"

大觉禅师答道："你有内外，罗汉祖师没有内外；你有风雨，罗汉祖师没有风雨啊！"

道融比丘尼于言下终于有悟。

养心法语

目前，各地区建设露天大佛、露天弥勒或露天观音，已成为一种风气。世界各地的名人，也效法在十字路口竖立铜像，让来往的路人得以观瞻。他们每天站立在户外，看起来是很辛苦，实际上，这许多名人圣像都很自在。你说外头每天都有风吹，可是人们还不是特别在屋内设有冷气电扇来纳凉吹风吗？你说户外经常下雨，人们每天还不是用水龙头沐浴，不都取其自在吗？其实，为佛菩萨、祖师竖立圣像，为的是启发人们的信心、恭敬心，但是现在却只带给道融比丘尼的怜悯心，这不是自找麻烦吗？

现在需要什么？

　　江苏宜兴佛光大觉寺都监妙士法师回到本山，本山的住持心培和尚见到了，就对他说："你难得回来，这次带一点什么东西回到祖庭去呢？这样子吧！山上的菩提树很多，你带两棵回去种植在大觉寺吧！"

　　妙士法师回答："大陆天气太冷了，菩提树恐怕不能活！"

　　过了两天，心培和尚又同妙士法师说："上次你说菩提树不适合宜兴的气候，这样好了，最近有学校送我们很多的榕树，长得非常茂盛，你可以选几棵移植到祖庭去！"

　　妙士法师说："感谢和尚，但是榕树只适合生长在亚热带气候，对于寒热不均、温差甚大的江苏地区，可能也不太适合。"

　　又过了几天，心培和尚见到妙士法师，又说：

"上次跟你提的菩提树，你说不适合，榕树，你也说不适应大陆的气候。你看，最近山上有许多紫罗兰，开得姹紫嫣红的，随你要带几棵带回去吧！"

妙士法师又说："啊！和尚，大觉寺地处江南，终日烟雨蒙蒙，紫罗兰需要大量的阳光，恐怕也不太适合。"

心培和尚终于说道："你说这也不行、那也不适合，那你说看看，现在究竟需要带什么回去呢？"

妙士法师叹了一口气说："谢谢和尚慈悲，希望大和尚能多带一点人才回到大觉寺去啊！"

养心法语

四十五年前，我创建佛光山，佛光山能有今天的发展，是因为有人才。几年前，我在大陆恢复祖庭大觉寺，也是因为有一些青年人才发心前往参与。如今建筑群有了、佛像有了、钟鼓有了，甚至树木花草都有了，现在需要的是什么？就是人才了。所谓"人能弘道，非道弘人"，现今大陆的佛教所需要的，就是戒律、制度，但是最重要的，还是人才啊！

慧眼识人

唐代的金州操禅师出自南岳怀让禅师门下，也是京兆章敬寺怀晖禅师的法嗣弟子。

有一天，操禅师邀请寺里的米和尚吃饭，却没有安排他的座位。米和尚依照约定的时间到了以后，看到没有座位，就径自打开坐具，向操禅师礼拜。

操禅师见状，没有接受米和尚的礼拜，直接走下了禅床。米和尚也起身，走到操禅师的禅床坐下来，不一会儿，没有说什么就离开了。

操禅师看了，也不以为意，就在清众的位子坐下来吃饭。

这时候，一旁的徒众很不平，对操禅师说："禅师，您平日很受到大家的景仰，可是今天您的法座却被旁人给霸占了，这真是太没有礼貌了。"

操禅师只是不动声色地说："不可言之过早。"

三天后，米和尚果真盛了一碗饭，备了好吃的佳肴，走到操禅师的座前，对禅师说："请你宴座，让米头小僧供养你。"

操禅师说："大德也，大德也！"

养心法语

主人请客人吃饭，却没有准备座位，这是非常尴尬又不礼貌的事情。米和尚是谁人？不详。不过，一定是个行单的老参，他不但不怪罪，反而礼敬操禅师。操禅师自知理亏，便赶快下座以示歉意。

哪里知道，米和尚竟然就着操禅师的法座而坐了下来，其实这是对操禅师的一种冒犯。但操禅师却心平气和，一点也不以为意。事后寺里的大众心生不平，觉得米和尚没有礼貌。三日后，米和尚备了饭菜前来回敬，请操长老上座接受供养，并且表示学人在此侍候。操禅师见此，很赞赏米和尚虽在行单里，也有这种气魄、礼数，因此也赶快说："大德也，大德也！"

去问明眼人

潭州（今湖南长沙）的神山僧密禅师，为云岩昙晟禅师的法嗣。他未得法前，曾参学于南泉普愿禅师。

有一次，他正在敲打大锣，被路过的南泉禅师听到了，南泉禅师走上前问他："你在做什么？"

神山禅师立刻放下手中的木槌，恭敬地回答："我正在打锣。"

南泉禅师接着又问："你现在打锣，如果没有槌子，是用手打，还是用脚打呢？"

神山禅师一脸茫然，便请示说："学人不解，还请禅师提示。"

南泉禅师意味深长地说："我提示的是我的，等你懂得以后再说，或者去问一问明眼人，这就看你的缘分吧！"

神山禅师听了，似懂非懂，不过，他先把南泉禅师的话听了下来。

之后，神山禅师到云岩禅师处参禅，提起了他和南泉禅师的这段对话。神山禅师对云岩禅师说："敲锣的人，若没有槌子，也没有手脚，怎么敲呢？"

云岩禅师微微一笑，看着神山 zz 禅师说："这个问题还不简单吗？不论手敲、脚敲，没有手脚也可以敲啊！"

神山禅师一听，心中一亮，说："请问老师，没有手脚怎么能敲呢？"

云岩禅师反问道："虽没有手脚，大自然不是有雷声吗？打雷需要手脚吗？你的真心不能发声吗？"

神山禅师终于言下有悟。

养心法语 ————————————

世间上，所谓的声音，都是靠相击而发出声音。敲钟打鼓，固然是相击发声；碗筷掉到地上，也会发出声音，这也是一种相击出声。双手相击，就有掌声，但是禅门里却有"只手之声"；因此，常有禅师问弟子,你有听到"只手之声"吗？相击是对立的，好像相互吵架，互诟互骂，当然声音激烈；只手之声，是独立的、是无我的；无我之我，可以成为大我，无声之声，所谓无声胜有声，不是可以成为大声吗？

寻常祖师意

唐代著名的庞蕴居士，一家四人都是禅者，他们不羡慕世俗的人情名利，平日以编织竹器维持生计。庞蕴的女儿灵照生性调皮古怪，对禅的体悟也很深，在日常生活中，经常显露出她的机智与灵活。

有一天，庞居士带着灵照到镇上卖竹器，在下坡时，庞居士不小心滑了一跤，扑倒在地上。灵照看见自己的父亲跌倒了，赶紧跑了过去，却不忙着把他扶起来，反而跟着卧倒在旁边。庞居士看了，心里觉得好笑，故意板起面孔说："你这是干什么？"

灵照对父亲扮了一个鬼脸，笑着说："我看到父亲您跌倒了，所以要把您扶起来啊！"

庞居士坐起身来，问灵照说："古人说'明明百草头，明明祖师意'，这句话你怎么去领会？"

灵照说："父亲，您参禅也有一段时日了，怎么还提这么寻常的话头？"

庞居士也不生气，好奇地问她："那么，你又怎么去领会呢？"

灵照一脸正经地说："明明百草头，明明祖师意。"

庞居士哈哈一笑，父女二人一起站了起来。

养心法语

禅宗史里常提到，庞蕴居士是一位悟道的再来人，他的家人也很活跃。他的妻子是禅门的高手，女儿灵照对禅更是有体会。由于中国一向重男轻女，女人的成就，总是没有人去记录、发扬。其实，像灵照这样一位青年女性，其禅心晶莹剔透，非常灵巧。对于父亲的跌倒，她知道如果拉他起来，就有高卑上下，那就有分别，就不是禅法了，不如自己和父亲一同躺下来，表示诸法平等。父亲当然也倚老卖老，就跟她用话头印心，最后灵照还是没有输阵。因此，女性参禅能有像灵照这种的功力，禅门应该要为她大书特书了。

说法者谁？

有一位讲经僧，耳闻大珠慧海禅师的禅法高明，特地前去拜访，想要借此试探大珠禅师。

两人才见面，讲经僧便提问道："禅师说法无数，所度何人？"

大珠禅师悠悠地说："贫僧未曾有一法可说，哪有一法度人？"

讲经僧不以为然地说："你们这些参禅的人，讲起话来都是这般模棱两可，叫人如何能信服？"

大珠禅师听了，也不做辩白，反而问讲经僧："请问大德，您说的是什么法？度的是什么人呢？"

讲经僧洋洋自得地说："讲《金刚般若经》。"

大珠禅师又问："那么，你讲了几座了？"

讲经僧回答道："前后二十余座了。"

大珠禅师继续问："不知道这部经是谁说的？"

这名讲经僧提高音量，说："禅师，您这不是在唬弄人吗，谁不知道《金刚经》是佛说的呢？"

大珠禅师点点头，说："既然是佛说的，为什么你却说是你说的呢？"

这位讲经僧忽然之间大为惊讶，答不出话来。

大珠禅师："拾人牙慧，未悟也！未悟的人，焉能度人？"

养心法语 ————————

这位讲经者，自以为讲了二十多次的《金刚经》，对于佛法的义理，已经相当透彻；但是，遇到禅者大珠慧海，就不是对手了。虽然已讲二十余座的《金刚经》，但那是佛说的啊！只能说是代佛宣扬。不过，就是佛陀自己也说，我说法四十九年未说一字。真理本来就不可说，说了也等于不说。所以，大珠禅师才说自己未说一法，也未度一人，他是契合无我的真理，那才是真正的禅者啊！

提瓶取水

唐朝的沩山灵祐禅师，生于福州长溪（今福建霞浦南），是百丈怀海禅师的上首弟子，并且得到他的法要。得法之后，他与弟子仰山慧寂师生两人经常相互酬唱，大弘禅法。

有一天，师徒二人外出游山。途中，沩山禅师将水瓶递给仰山禅师，仰山禅师伸长了双手，正准备要去接的时候，沩山禅师忽然将手一缩，让仰山禅师扑了个空。

仰山禅师知道老师又要和他打禅机了，于是将双手往腰边一插，一语不发地看着沩山禅师。

沩山禅师笑吟吟地看着他，问道："这是什么？"

仰山禅师立刻反问："老师，您还见到了什么？"

沩山禅师说："如果是这样，何必要向我这边来寻找呢？"

仰山禅师哈哈一笑，说："话虽然是这么说，但是在仁义道德上，为您提瓶取水，也是我的本分事啊！"

沩山禅师点头微微一笑，将水瓶交给仰山禅师，默许了他的回答。

养心法语

沩山禅师和仰山禅师，他们师徒都是禅门的高手。所谓的"提瓶取水"，究竟是给你，还是给我？这要靠默契。禅门中，心心相印的人，不管任何时间、任何事情，都是有默契的。等于禅门说："你有拄杖子，我就夺去你的拄杖子；你无拄杖子，我就给你拄杖子。"在一般人，都是分有无、你我两边，但在禅家，则是所谓"两头共截断，一剑倚天寒"。

由于沩山禅师把手缩回来，之后有了一番对话，才知道原来没有你我；当然，水瓶由哪一个人提取，就不是问题了。